UFOLEP Réunion

Lucay Permalnaïck

Jean-Camille Didgen

Zalan Hoarau

Gilbert Deveaux

Gilles Elma

les plus belles

balades

à la REUNION

32 itinéraires pour baladeurs curieux

Les Créations du Pélican

Siège social :
Vilo, 25 rue Ginoux - 75015 Paris
Tél. : 01 45 77 08 05 - Fax : 01 45 79 97 15
Collection dirigée par Jean-Michel Renault
9 avenue de la Galine - 34170 Castelnau-le-Lez
Tél. : 04 67 02 66 02 - Fax : 04 67 02 66 01
Consultez notre catalogue par l'Internet
http : // www.frtc.com/pelican

Collection dirigée par Jean-Michel Renault

ILE DE LA REUNION

Océan

Indien

N

St-Denis, Ste-Marie, Ste-Suzanne, St-André, Bras-Panon, St-Benoît, Ste-Anne, Ste-Rose, St-Philippe, St-Joseph, St-Pierre, Petite-Ile, St-Louis, L'Etang-Salé-les-Bains, Les Avirons, St-Leu, Trois-Bassins, St-Gilles-les-Bains, St-Paul, La Possession, Le Port

Salazie, Hell-Bourg, Cilaos, Le Tampon, La Rivière, Comm. de l'Entre-Deux

Pointe des Galets, Cap la Houssaye, Pointe au Sel, Pointe de la Table

Piton des Neiges, Piton de la Fournaise, Le Grand Brûlé

0   5   10   15   20 km

Sommaire

■	COMMENT UTILISER CE GUIDE		4
■	AVANT-PROPOS		8
1	LES BASSINS DE ST-GILLES	Région de St-Paul	1 h 30	14
2	LA RAVINE DE ST-GILLES	Région de St-Paul	3 h	18
3	LE GRAND BENARE (2 896 m)	Région Nord-Ouest	6 h 30	22
	ASTRONOMIE (latitude 21° sud)		26
4	LA PLANEZE DU GRAND BENARE	Région Nord-Ouest	9 h	28
5	CAP NOIR - ROCHE VERRE BOUTEILLE	Région Nord-Ouest	1 h 15	30
■	LES OISEAUX DE LA REUNION		32
6	LE CHEMIN DES ANGLAIS	Région de St-Denis	4 h	36
■	TI TRAIN LONGTEMPS		40
7	LA ROCHE ECRITE	Région de St-Denis		42
8	LE GRAND ETANG	Région de St-Benoît	2 h	46
9	BASSIN LA PAIX - BASSIN LA MER - BETHLEEM	Région de St-Benoît	1 h 30	48
10	BEBOUR - TAKAMAKA	Région de St-Benoît	4 h	52
11	HELL-BOURG - SOURCE MANOUILH	Cirque de Salazie	4 h	56
12	HELL-BOURG - BELOUVE	Cirque de Salazie	3 h	60
■	LES BOIS DE COULEURS DES HAUTS		62
13	COL DES BOEUFS - LA NOUVELLE	Région de Salazie	4 h 30	64
14	LA NOUVELLE - MARLA	Cirque de Mafate	2 h 30	66
15	MARLA - KERVAL	Cirque de Mafate	3 h	70
16	MARLA - TROIS ROCHES - LA NOUVELLE	Cirque de Mafate	3 h	74
■	LES PAPILLONS DE LA REUNION		78
17	CILAOS - TAÏBIT - MARLA	Cirque de Cilaos	3 h 30	80
18	ILET A CORDES - PAVILLON	Cirque de Cilaos	3 h	84
19	CILAOS - PITON DES NEIGES	Cirque de Cilaos	8 h	88
20	LES GORGES DE SAINT-LEU	Côtes de St-Leu	0 h 45	92
21	DIMITILLE PAR LA GRANDE JUMENT ET LE ZEBRE	Région de l'Entre-Deux	7 h	94
22	GRAND-BASSIN	Région du Tampon	5 h	98
23	LE PITON DE L'EAU	Région du Volcan	2 h 30	100
24	LA RIVIERE DES REMPARTS	Région du Volcan	9 h	102
25	LE MORNE LANGEVIN	Région du Volcan	2 h 30	106
26	PLAINE DES SABLES - GRAND-GALET	Région du Volcan	2 h 30	110
27	LE VOLCAN DE LA FOURNAISE	Région du Volcan	5 h	114
28	PITON BOIS VERT	Région du Volcan	4 h	124
29	NEZ COUPE	Région du Volcan	4 h	126
30	LE CASSE DE LA RIVIERE DE L'EST	Région du Volcan	5 h	128
31	LA COULEE DE TAKAMAKA	Le Sud sauvage	5 h	130
32	LES SENTIERS BOTANIQUES	Région de St-Philippe	2 h	136
■	LA FLORE REUNIONNAISE		138
■	LES ORCHIDEES		141
■	GLOSSAIRE		143
■	LES AUTEURS		144
■	LES PAGES VERTES		145

Comment utiliser ce guide

Classification des balades

Difficulté

 Très facile

 Facile

 Moyen

 Difficile

Longueur

 Jusqu'à 5 km

 De 5 à 10 km

 De 10 à 15 km

 Plus de 15 km

 Faisable en VTT

Légende des cartes

 Repères numérotés

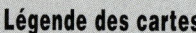 Itinéraire de la balade

Route carrossable

Route non carrossable

 Voie ferrée

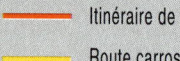 Sentier - G.R.

Légende des cartes : signification des symboles

   Lieu de parking - Départ de la balade

 Point de vue - Sommet - Curiosité

 Gîte - Refuge

 Abri pique-nique - Aire de pique-nique

 Camping - Passage vertigineux Vent violent

 Parcours facile - Passage pénible Terrain non stabilisé

 Eglise - Chapelle Oratoire ou "Tibondieu"

 Cimetière, tombe - Ruine

  Antenne, relais TV - Grotte Arbre remarquable

  Curiosité botanique tropicale Marais - Mangrove

 Présence de papillons Présence de cervidés

   Cascade - Source Phénomène volcanique

 Lieu de plongée - Mouillage - Plage

 Point d'eau - Baignade

 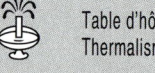 Table d'hôte - Alimentation Thermalisme

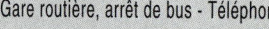 Gare routière, arrêt de bus - Téléphone

---

Par souci de commodité nous vous donnons d'entrée les clés qui vous permettront de profiter pleinement de tous les avantages de ce guide et de tous les plaisirs de la balade : vous pourrez vous y référer facilement à tout moment. Les symboles visuels, l'illustration des cartes et les fiches techniques ont été réalisés pour faciliter votre choix : en un coup d'œil vous savez l'essentiel sur chaque balade... et les photos vous donnent un aperçu de ce que vous allez découvrir. L'itinéraire d'accès et la description sont là pour vous guider ensuite avec précision sur le terrain... et vous signalent la moindre curiosité. Enfin, les encadrés en disent plus aux baladeurs curieux.
Les précisions et les conseils de cette double page sont précieux. N'hésitez pas à y revenir : le plaisir et la sécurité valent bien la peine de s'informer.

Longueur.

La différenciation "aller simple" et "aller et retour" concerne essentiellement les balades en ligne. Dans le premier cas il est rarement possible de revenir sur ses pas dans la journée. S'équiper en conséquence : soit une deuxième voiture à l'arrivée, soit vêtements chauds, tentes, duvets et alimentation.

Durée.

Les indications qui sont données sont des moyennes pour marcheur moyen, à allure modérée. Les sportifs, les curieux, les amoureux de la faune, de la flore, des gens, adopteront bien sûr des allures différentes et feront le parcours en des temps très variés.
Toutes les balades ont été choisies pour une durée d'une journée maximum. Il est toujours possible d'associer plusieurs circuits avec coucher sous tente, chambre d'hôte, gîte ou bivouac. Il serait même judicieux de le faire car il est impensable d'espérer goûter au charme complet de tout Mafate en revenant sur la côte après chaque balade.

Difficulté.

Les difficultés sont réelles et de tous ordres. Mais aux pentes escarpées peuvent succéder des circuits presque plats, après la caillasse on pourra sans problème se reposer les pieds en choisissant pour la sortie suivante un sentier herbeux, ou un itinéraire comprenant des passages à gué dans le lit de la rivière.

Se méfier en revanche des longueurs très courtes de certaines marches mais qui présentent un dénivelé si important qu'on risque d'être rebuté dès les premières centaines de mètres. Ce sont pourtant celles-là qui offrent souvent les plus jolis points de vue.

Pour être informé d'un seul coup d'œil, se référer au pictogramme qui accompagne le titre de chaque balade et indique à la fois la difficulté, par le dessin, et la longueur, par le fond de couleur (voir ci-contre).

Période.

La Réunion, île tropicale, jouit d'un climat idéal pour les randonnées. On peut en faire toute l'année. Mais l'île connaît aussi ses jours de pluie. En période cyclonique (décembre à mars) les précipitations peuvent être très abondantes. Les sentiers deviennent alors impraticables et souvent dangereux (torrents, éboulements de falaise). En cette période, il convient d'être très prudent et de savoir renoncer à une balade que l'on a projetée. La Météorologie Nationale donne des informations régulières, relayées par les radios.

Il faut savoir aussi que la région Est est beaucoup plus arrosée que l'Ouest.

La Réunion est aussi une île-montagne et l'altitude joue beaucoup sur les conditions climatiques. Pendant l'hiver austral (juin-août), les températures peuvent descendre en-dessous de zéro dans les hauts (piton des Neiges, volcan, Grand Bénare...). Il faut donc s'équiper en conséquence et ne pas se laisser tromper par les douces températures du littoral.

Equipement.

A la Réunion, un équipement vestimentaire très simple suffit souvent, mais le contenu du sac à dos doit dépendre beaucoup du lieu et de la saison. Il vaut mieux porter des vêtements chauds dans son sac et les sortir en cas de nécessité que d'avoir à renoncer à admirer un paysage parce qu'il fait très froid et que l'on n'a rien prévu.

Randonnée légère :
– pull, K-way pour les hauteurs et T-shirt pour l'arrivée sur la côte ;
– chaussures de sport ;
– de l'eau en bonne quantité.

Randonnée classique :
– un bon sac de randonnée ;
– pull, anorak, vêtements de rechange, chapeau ;
– crème de protection solaire ;
– chaussures de marche ou, à défaut, de très bonnes chaussures de sports. Du choix des chaussures dépend le plaisir qu'on prendra à marcher : mauvaises chaussures et ampoules peuvent transformer une balade en calvaire ; les chaussures de marche montantes sont préférables aux tennis, surtout en terrains cailouteux et pour de longues randonnées ;
– de l'eau, au moins 1 litre par personne.

Au retour d'une balade, on est souvent mouillé (sueur ou pluie) et il est agréable de pouvoir se changer. On peut laisser ses vêtements de rechange dans le coffre de la voiture ou les emporter avec soi, dans un sac à dos, en ayant soin de les mettre dans un sachet plastique.

Prévoyez aussi une paire de sandales ou de "tongs", vos orteils vous en seront reconnaissants.

Point d'eau.

Toute la partie ouest et sud de l'île connaît la sécheresse depuis quelques temps. L'eau qui se trouve dans les bassins, dans les citernes, n'est pas garantie potable. Nous avons opté pour la sécurité en mentionnant : "point d'eau : néant" ; il est bien sûr possible de la faire bouillir et/ou d'y ajouter des cachets de purification de l'eau.

Balisage.

Les services de l'ONF font un travail remarquable pour le tracé, l'entretien et la mise à jour des tracés (modifications selon l'intérêt). Le risque d'erreur est nul pour le randonneur qui n'hésite pas à regarder autour de lui. Même là où n'existe aucun marquage, il suffit de suivre les sentiers (Bébour, Takamaka), également très bien entretenus.

Balisage présent sur le terrain

Signification	Grande Randonnée	Grande Randonnée de Pays	Petite Randonnée
Continuation du chemin	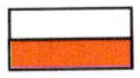		
Changement de direction			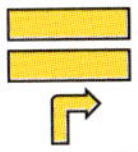
Mauvaise direction			
		Couleurs de balisage déposées	Couleur non déposée

5

La Maison de la Montagne de la Réunion.
Un raccourci vers les sommets

Refuge de la Roche-Ecrite (Photo Noor Akhoun).

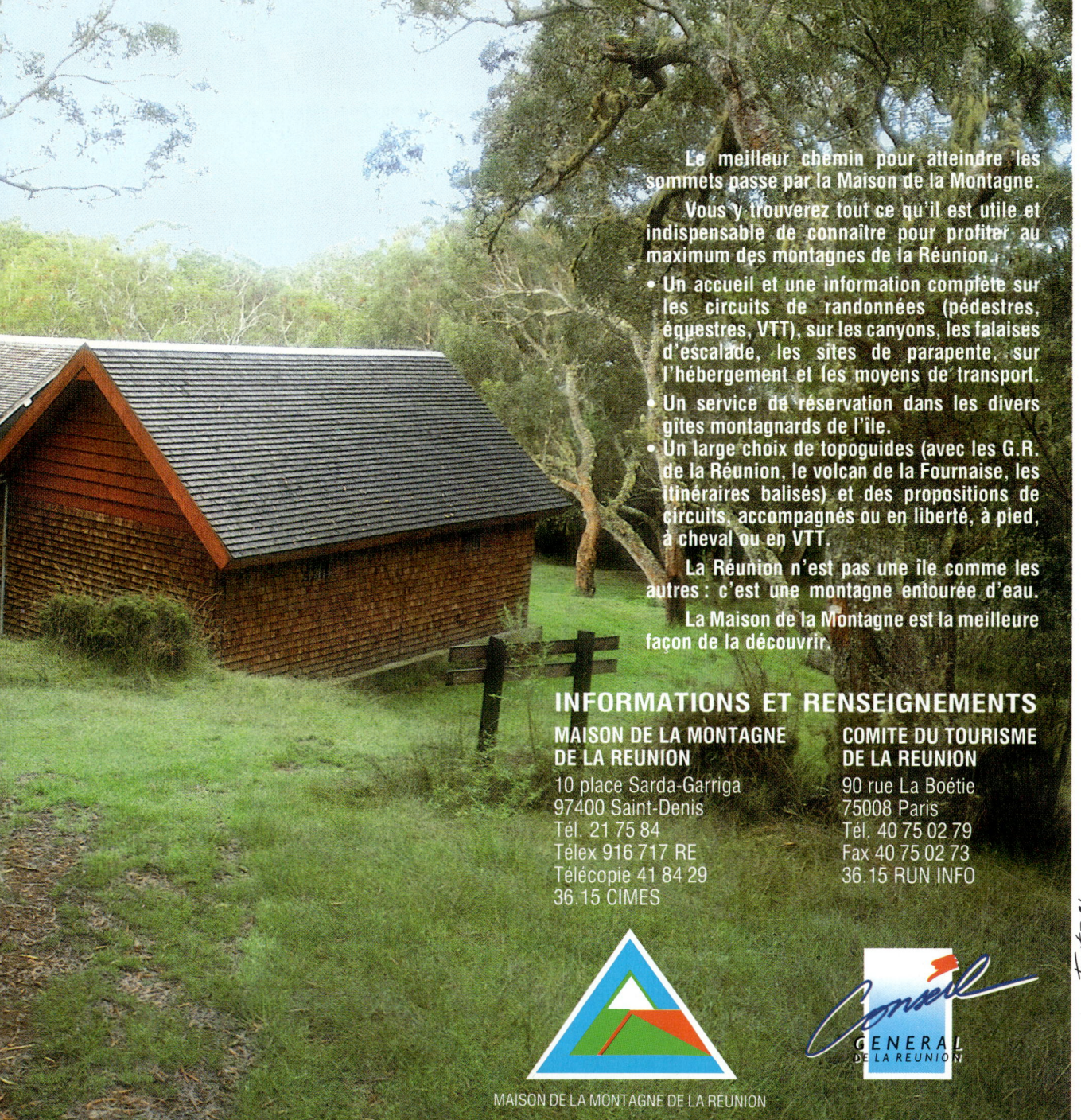

Le meilleur chemin pour atteindre les sommets passe par la Maison de la Montagne.

Vous y trouverez tout ce qu'il est utile et indispensable de connaître pour profiter au maximum des montagnes de la Réunion.

• Un accueil et une information complète sur les circuits de randonnées (pédestres, équestres, VTT), sur les canyons, les falaises d'escalade, les sites de parapente, sur l'hébergement et les moyens de transport.

• Un service de réservation dans les divers gîtes montagnards de l'île.

• Un large choix de topoguides (avec les G.R. de la Réunion, le volcan de la Fournaise, les itinéraires balisés) et des propositions de circuits, accompagnés ou en liberté, à pied, à cheval ou en VTT.

La Réunion n'est pas une île comme les autres : c'est une montagne entourée d'eau.

La Maison de la Montagne est la meilleure façon de la découvrir.

INFORMATIONS ET RENSEIGNEMENTS

MAISON DE LA MONTAGNE DE LA REUNION

10 place Sarda-Garriga
97400 Saint-Denis
Tél. 21 75 84
Télex 916 717 RE
Télécopie 41 84 29
36.15 CIMES

COMITE DU TOURISME DE LA REUNION

90 rue La Boétie
75008 Paris
Tél. 40 75 02 79
Fax 40 75 02 73
36.15 RUN INFO

MAISON DE LA MONTAGNE DE LA REUNION

Conseil GENERAL DE LA REUNION

Avant-propos

*"Jamais le pic glacé n'entend l'oiseau siffleur,
Ni le vent du matin empli d'odeurs divines
Qui rit dans les palmiers et les fraîches ravines,
Ni parmi le corail des antiques récifs,
Le murmure rêveur et lent des flots pensifs
Ni les vagues échos de la rumeur des hommes,
Il ignore la vie et le peu que nous sommes.
Et calme spectateur de l'éternel réveil,
Drapé de neige rose, il attend le soleil."*

C'est en ces termes évocateurs qu'au siècle dernier, Leconte de Lisle, immortalisa le Piton des Neiges, toit de la Réunion, 3 069 mètres au-dessus du niveau de la mer. Qui, plus que ce maître du Parnasse, né et ayant passé son adolescence à Bourbon, ancien nom de l'île, méritait de préluder à la présentation de ces "32 plus belles balades à la Réunion" ?

Il conviendrait au touriste ayant choisi cette île, sertie au sud-ouest de l'océan Indien, à 10 000 kilomètres de la France métropolitaine, à un millier de kilomètres de la côte est du continent africain, dans le sillage du sous-continent Indien, l'ayant choisie donc pour son dépaysement, de s'imaginer la jeunesse toute saine et candide du poète de Bourbon : l'adolescence insouciante dans les hauts de Saint-Paul, les courses dans les forêts domaniales, les baignades risquées dans le lit des ravines.

Pas question de taire ici le caractère tropical de l'île, les tons changeants de l'océan, ni l'or du soleil brillant et clair, ni les vertes ramures des palmiers, bananiers, cocotiers, filaos. Mais il est avant tout vivement suggéré de dépasser les clichés, de lever les yeux, de vouloir profiter simplement, sainement de spectacles, de sites, de paysages, tout à fait exceptionnels, et sans cesse renouvelés. Il y a à saisir l'aubaine qu'offrent cette île et son relief : quitter l'eau tiède du lagon pour se

retrouver quelques minutes plus tard dans la fraîcheur des "hauts". Rares seront alors ceux qui ne se laisseront pas tenter par une randonnée des plus bienfaisantes vers des sites sublimes situés à 1 000, 2 000 ou 3 000 mètres d'altitude. Rien n'empêche alors le randonneur d'admirer la mer d'un peu plus haut. Le Grand-Bénare, le Piton de la Fournaise, la Nouvelle et Trois-Roches sont, entre autres, des noms et des lieux qui restent à jamais gravés dans la mémoire.

Les montagnes de la Réunion, majestueux édifices naturels, supports de nombreux sentiers de randonnées pédestres, viennent rappeler que cette terre est née d'un volcan, au fond de l'océan.

L'île est âgée de trois millions d'années déjà, alors que l'homme n'y a mis les pieds qu'à partir de la deuxième moitié du XVIIe siècle. Sa forme générale est celle d'un cône aplati que d'aucuns, parmi nos anciens, avaient comparée à celle d'une tortue géante de 75 kilomètres de large. Mais, travail de dame Nature, au fil des temps, le cône a été creusé, ciselé, éventré même, en son centre (les trois cirques), et agrandi par les effets d'un volcan particulièrement actif.

"Les 32 plus belles balades de la Réunion" invitent le lecteur, le randonneur, le touriste à partir à la découverte des nombreuses facettes d'une île de l'océan Indien. Ces idées d'évasion vous sont proposées par une équipe de copains, évoluant au sein de l'UFO-LEP et mordus de randonnées.

Cette équipe, spécialiste en la matière, croyant dur comme fer à un tourisme social sportif, a testé pour vous chacun des itinéraires, avec cartes, boussoles, altimètres, curvimètres et appareils photographiques... Ces amoureux de la nature sauvage, ces voyeurs de pentes escarpées, de montagnes effondrées, ces arpenteurs de lits de rivières et de ravines ont voulu vous faire partager des sensations uniques dans des lieux, il est vrai, bien propices aux grandes leçons de candeur et d'humilité, leçons de vie simple mais vraie.

La naissance d'un paradis

Ni l'aînée des Mascareignes (titre ravi par l'île Maurice avec ses 8 millions d'années), ni la cadette (Rodrigues avec 1,5 million d'années), la Réunion est âgée de 3 millions d'années et poursuit actuellement une impétueuse croissance juvénile. Cette "demoiselle" au tempérament volcanique, dont la crise d'adolescence paraît devoir s'éterniser, offre en alternance à la curiosité des baladeurs ses recoins paradisiaques et ses paysages d'enfer. Ainsi, sans promettre à coup sûr le coup de foudre, cette "jeune fille" délurée saura s'y prendre pour ne jamais laisser le baladeur insensible... et tant mieux si les charmes de cette somptueuse île-volcan sont ceux d'une allumeuse !

Comme toute autre balade de cet ouvrage, l'ascencion de la partie sommitale du Piton de la Fournaise, s'effectue chacun à son rythme et à sa façon.

ÉVOLUTION GÉOLOGIQUE DE LA RÉUNION

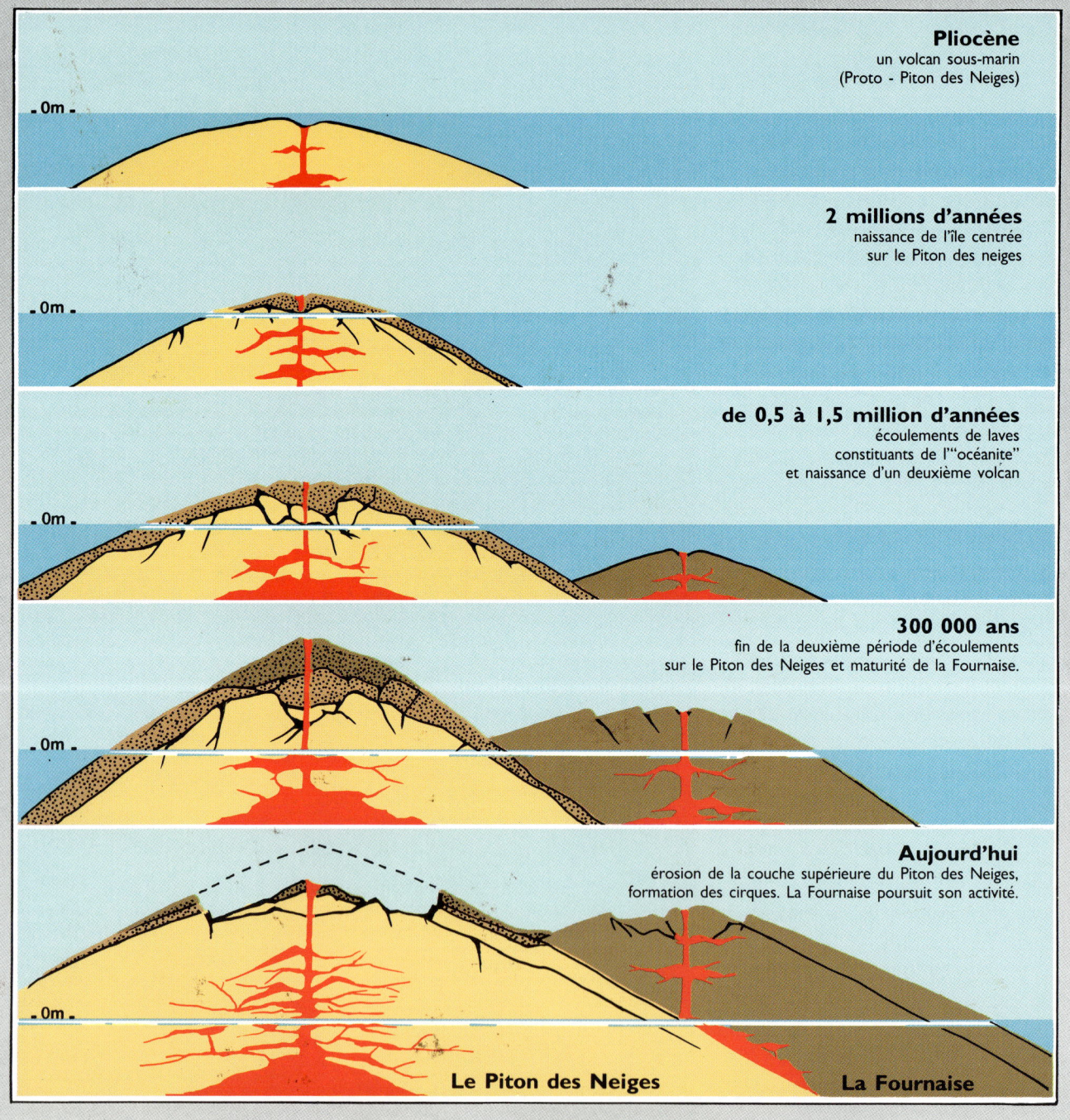

Pliocène
un volcan sous-marin
(Proto - Piton des Neiges)

- 0m -

2 millions d'années
naissance de l'île centrée
sur le Piton des neiges

- 0m -

de 0,5 à 1,5 million d'années
écoulements de laves
constituants de l'"océanite"
et naissance d'un deuxième volcan

- 0m -

300 000 ans
fin de la deuxième période d'écoulements
sur le Piton des Neiges et maturité de la Fournaise.

- 0m -

Aujourd'hui
érosion de la couche supérieure du Piton des Neiges,
formation des cirques. La Fournaise poursuit son activité.

- 0m -

Le Piton des Neiges   La Fournaise

La période de gestation de l'île dura environ un million d'années. Il fallut en effet ce temps-là au tout premier volcan embryonnaire sous-marin pour surgir du fond du Bassin des Mascareignes, à plus de 4 000 mètres de profondeur, et émerger de l'océan Indien par 55° 30 de longitude est et 21° de latitude sud, à 700 kilomètres à l'est de Madagascar. La suite n'est que succession de phases d'intenses activités volcaniques entrecoupées de périodes de sommeil, dont les intensités et les durées variables furent caractérisées par des manifestations que l'on peut "lire" dans le relief actuel de l'île (voir les schémas illustrant, ci-contre, son évolution géologique).

Depuis 30 000 ans, l'activité volcanique de la Réunion se reporte presque exclusivement sur le Piton de la Fournaise, avec notamment la formation, il y a environ 20 000 ans, de la troisième caldeira située à l'enclos actuel délimité par les remparts de Bois Blanc, de Bellecombe et du Tremblet.

La pomme et le serpent

(en l'occurrence, le fruit du *bois de pomme* et, à défaut de serpent, le *caméléon...*)

L'origine sous-marine de l'île intriguait, en 1804 Monsieur Bory de Saint-Vincent : *"Comment, alors, la verdure vint-elle ombrager un volcan isolé ? Comment les animaux attachés au sol vinrent-ils vivre sur un écueil nécessairement inhabitable lors de sa naissance ?"*. Il avait imaginé en réponse,

sans trop y croire lui-même, que *"...les vents, les flots, les oiseaux, ont suffi pour peupler et pour fertiliser l'île de la Réunion"*. Monsieur Bory de Saint-Vincent venait pourtant de présentir les modes d'introduction exacts de la flore et de la faune.

Les courants marins, les vents cycloniques et les oiseaux ont en effet transporté, en provenance des îles du sud-est asiatique, d'Australie, d'Afrique et de Madagascar, tous les éléments de la flore et de la faune tels qu'ont pu les observer, au début du XVIe siècle de notre ère, les premiers hommes débarquant sur l'île. Sans oublier la part de l'évolution qui, par mutations et hybridations successives en ces lieux exilés, avait fini par produire des espèces nouvelles n'existant nulle part ailleurs. Il a été ainsi dénombré 160 espèces végétales originales, dites "endémiques", soit 30 % de la flore locale avant l'arrivée de l'homme...

Un prédateur inconscient mais efficace : l'homme

Quelques chiffres : chasseur ou manipulateur malheureux, l'homme élimina de l'île, en seulement 3 siècles de sa présence, 25 espèces d'oiseaux, une vingtaine de plantes et 80 % de la forêt... Les botanistes du monde entier s'accordent cependant à dire que la Réunion demeure unique en son genre et que, nulle part ailleurs, on a observé une telle concentration d'espèces de bois de couleurs (153 espèces), de plantes endémiques et exo-

Lithographiés au XIXe siècle par A. Roussin, les fruits de deux arbustes introduits de Chine et du Brésil : la framboise et la goyave, cette dernière étant considérée aujourd'hui comme peste végétale.

tiques, sur une surface aussi restreinte, malgré un nombre considérable d'introductions malheureuses par l'homme que l'on appelle depuis "pestes végétales".

Tout ce qui est rare est fragile. Il est donc plus impérieux encore de respecter la nature à la Réunion qu'en Métropole. Sachez profiter, le long des superbes balades que vous propose cet ouvrage, des saveurs originales de l'île, avec vos sens les plus fins et les plus mémorisables : la vue, l'ouïe et l'odorat.

Avant-propos

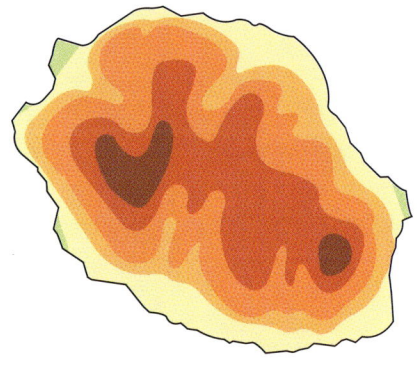

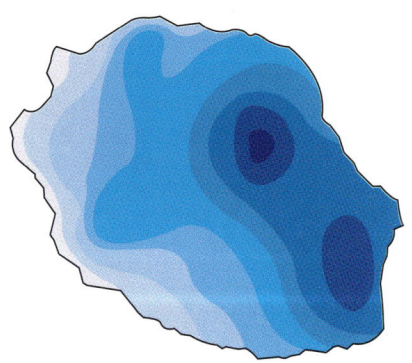

Températures moyennes

plus de 24°	1
de 22 à 24°	2
de 20 à 22°	3
de 16 à 20°	4
de 12 à 16°	5
moins de 12°	6

Précipitations moyennes

1	moins de 750 mm
2	750 à 1000 mm
3	1000 à 1500 mm
4	1500 à 2000 mm
5	2000 à 3000 mm
6	3000 à 4000 mm
7	4000 à 5000 mm
8	5000 à 6000 mm
9	plus de 6000 mm

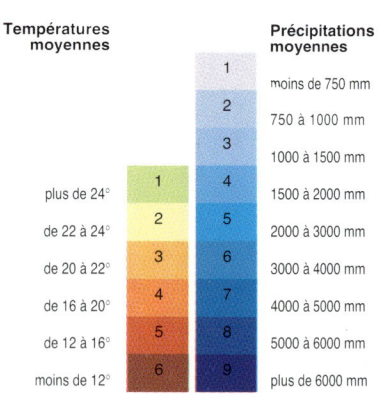

Choix des itinéraires

L'île de la Réunion, terre de soleil, de sable fin, et d'hôtels sous les filaos n'est pas un mythe, mais ce n'est pas à cette Réunion-là que ce livre vous conduira. C'est à celle des montagnes, des rivières, des îlots presque enclavés de l'intérieur, celle qui a pu conserver en grande partie sa beauté naturelle : celle qui vous donnera le meilleur souvenir de cette terre du sud-ouest de l'océan Indien.

Les "32 plus belles balades de la Réunion" ont été choisies en premier lieu parce qu'elles couvrent de long en large, les quelque 2 500 km² de cette île de forme quasi-circulaire et n'excédant pas les 70 km de diamètre. Nous avons voulu en donner pour tous les goûts :

- à ceux qui adorent les petites sorties familiales demandant peu d'effort physique mais en quête de coins bien ombragés loin des nuisances citadines ;

- à ceux qui veulent aller à la rencontre de populations vivant presque en autarcie, à l'intérieur des cirques, et qui sont peut-être les habitants les plus courageux, les plus attachants et les plus accueillants de l'île ;

- à ceux qui ne dédaignent pas de faire des kilomètres de marche en quête de lieux présentant un intérêt géologique, géographique, culturel, sportif ;

- à ceux enfin qui raffolent des grandes pentes raides et vertigineuses, rien que pour le plaisir toujours bienfaisant de l'effort physique.

Nous avons tenu aussi à varier les itinéraires proposés et vous aurez tout loisir d'opter soit pour les boucles, vous évitant de revenir sur vos pas, soit pour les itinéraires linéaires, soit pour commencer à l'intérieur de cirques ne disposant pas de route d'accès, avec possibilité d'adopter une première approche à pied ou... en hélicoptère.

Distances

Au début de chaque balade est indiquée la distance (trajet voiture) qui sépare le point de départ :

- de Saint-Denis, chef-lieu du département, à cause de sa proximité de l'aéroport de Gillot,

- de la ville côtière la plus proche.

Toutefois, étant dans une île disposant d'une ceinture routière en très bon état, vous disposerez parfois de deux distances du chef-lieu selon que vous vous dirigerez vers l'est (par Saint-Benoît) ou vers le sud (par Saint-Pierre).

Les itinéraires débutant à l'intérieur du cirque de Mafate ne comportent bien sûr pas de distances (ni d'indication de parking) car il n'existe pas d'accès en voiture.

Rappelons-nous, pour conclure cette introduction à la visite de l'île, des paroles de l'"Hymne National Réunionnais" intitulé "Petite Fleur fanée".

En songeant tout de même que dans z'herbes il y a toujours de la rosée et que dans le ciel z'oiseaux chantent encore et, nous l'espérons tous, toujours.

1er couplet
Vi souviens mon Nénère adorée,
Le p'tit bouquet que vous l'a donn' à moin,
Nana longtemps que li l'est fané,
Vi souviens bien comm'ça l'est loin ?

....(bis)

Refrain
P'tit' fleurs fanées,
P'tit' fleurs aimées,
Di à moin toujours
Couc' c'est l'amour.

....(bis)

2e couplet
Ni marché dans la forêt,
Y faisait bon, y faisait frais,
Dans z'herbes l'avait la rosée,
Dans l' ciel, z'oiseaux y chantaient.

....(bis)

3e couplet
Depuis ça, le temps l'a passé,
Y reste rien qu'un souvenir.
Quand mi pense, mon cœur l'est brisé,
Tout ici, com'ça, y doit finir.

....(bis)

* chanson créole extraite de "Z'histoires la Caze", de Georges FOURCADE.

L'aventure et la découverte n'est pas dans cet ouvrage, le privilège de la jeunesse. La Maison de la Montagne à St Denis est une halte précieuse pour tout visiteur, qu'il soit randonneur chevronné ou simple touriste.

LES BASSINS DE SAINT-GILLES
fraîcheur, eau et verdure en pleine zone aride

A moins de 5 km des plages, la ravine Saint-Gilles et ses trois magnifiques bassins*. Cormoran, Aigrettes et Malheur, aux eaux transparentes et aux fraîches cascades ; les bassins qui invitent au canyonning, à la baignade, au plongeon ou simplement au pique-nique sur leurs bords ombragés.

fiche technique

Longueur : 4 km pour les trois bassins
Dénivelé : 110 m
Durée : 1 h 30 les trois bassins
Difficulté : passage dans l'eau d'un canal pour franchir les trois tunnels, descente délicate pour accéder au bassin Cormoran, prudence pour baignade car les trois bassins sont profonds par endroits
Période : toute
Equipement : lampe de poche pour les tunnels
Point d'eau : néant
Balisage : aucun mais sentiers trés fréquentés et vraiment courts ; aucun risque d'erreur
Carte IGN 1/25 000 : n° 4404 R

itinéraire d'accès

A 35 km de Saint-Denis. A 10 km de Saint-Paul.

De Saint-Denis, après avoir traversé Saint-Paul, environ 1 km après la bretelle d'accès à Boucan Canot, la plage la plus cotée de l'île, prendre la RD 10 en direction du théâtre en plein air de Saint-Gilles, à l'échangeur du dancing "Le Swing", bien connu des noctambules de l'Ouest. Continuer tout droit après le théâtre et, 1 km plus haut, se garer sur le parking à droite.

description

On se dirige vers le fond du parking qui permet de par sa position élevée, de situer les trois bassins et d'apprécier le contraste entre la ravine Saint-Gilles, verdoyante, et le reste du paysage, jusqu'à la côte jaunie, brûlée, écrasée par le soleil. Le sentier commence derrière un petit bâtiment dans lequel s'engouffrent les eaux issues du bassin Malheur. Dès le départ le sentier se divise en deux : on réserve pour plus tard la branche descendante qui mène au bassin des Aigrettes et l'on se laisse guider par le petit canal sur le bord duquel on remonte au fil de l'eau en direction du bassin Malheur. Qu'on se rassure, nul danger de noyade ! Ce canal bétonné ne mesure guère qu'un mètre de large et l'eau qui y court ne dépasse pas les 20 cm, doit-on parler de "profondeur" ? Toutefois quelques gentilles petites malices ont été concoctées par ceux qui ont réalisé le tracé de ce canal. Il n'est pas toujours possible de marcher sur les bords : tantôt ceux-ci se perdent dans les rochers, tantôt ils fondent jusqu'à disparaître dans... les tunnels. Trois passages respectivement de 15, 30 et 15 mètres sont à effectuer, les pieds dans l'eau et en aveugle. Claustrophobes, prévoyez une lampe de poche ! L'expérience est unique à la Réunion et les sensations éprouvées méritent à elles seules le déplacement. Une fois les tunnels passés, on progresse à nouveau sur les bords du canal au milieu d'une végétation tropicale : tamarins* de l'Inde, raisin marron*, roses des bois, lianes d'argent,

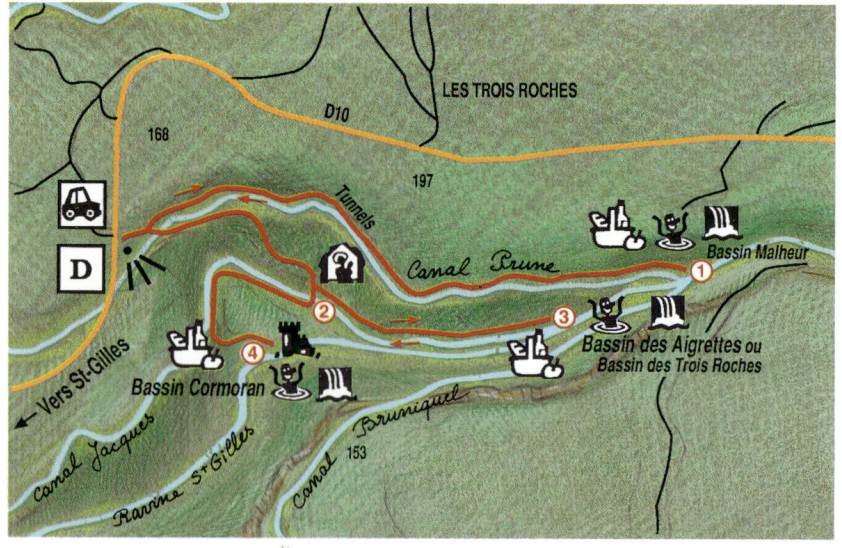

cassias, betel marron* et aloès, tranchent vive-
ment avec les herbes jaunies en aval, et les
vastes champs de canne à sucre, au loin, en
amont. Chemin faisant, on domine le lit de la
ravine Saint-Gilles, et l'on a, en se retournant, un
joli point de vue sur la partie basse de la ravine,
jusqu'à son embouchure. Après 20 minutes de
marche, on accède à de gros tuyaux attaqués par
la rouille et recouverts partiellement de limons :
on est quasiment au terme de la première marche.
Le bassin Malheur ① porte mal son nom :
c'est un endroit ravissant, un mini cirque presque
parfait, aux parois verticales et aux eaux limpi-
des. Un coin idéal pour pique-niquer, en admirant, peut-être, les adeptes du canyonning ou ces
jeunes qui rivalisent d'audace en plongeons
aériens du haut des rochers qui surplombent le
bassin. En rebroussant chemin, après une centaine de mètres, on peut prendre le temps, en
descendant à gauche, en contrebas du canal,
d'admirer d'en haut, depuis une plateforme de
rochers, le bassin des Aigrettes. Sujets au vertige, s'abstenir... Il est possible aussi de descendre en rappel jusqu'à ce bassin ; en témoignent les points d'ancrage toujours présents. On
peut aussi apercevoir, de l'autre côté de la ravine
(donc sur la rive gauche), à demi enfoui dans la
végétation, le "Canal De Villèle" : c'est un conduit
métallique, fait de tôle d'un ancien navire, suspendu sur quelques dizaines de mètres, par
d'énormes chaînes, à flanc de rempart. Son
accès, particulièrement vertigineux, est désormais interdit. L'accès au bassin des Aigrettes se
fera en revenant au point de départ, près du parking. Là, un chemin descend au milieu des cassias (le mets favori des cabris et des porcs... !)

Le Bassin des Aigrettes, tout comme ceux de Malheur et
de Cormoran, vous incite à la baignade.

Le sentier du Bassin Malheur

pour rejoindre un autre canal d'irrigation. Un oratoire rouge "p'tit bon dieu" peut servir de repère : à gauche par le sentier qui mène au bassin des Aigrettes, à droite, celui du Cormoran ②. Depuis l'oratoire, le bassin des Aigrettes nécessite à peine un quart d'heure de marche, en longeant le canal (on n'est pas obligé cette fois de se mouiller les pieds !). Ce bassin ③ à l'eau bleue invite à la baignade et offre également un agréable coin de pique-nique. La falaise qui le domine est mangée par la végétation et ornée de plusieurs cascades et filets d'eau. Le site rappelle, à échelle réduite, le fameux "Voile de la Mariée", de Salazie. C'est un spectacle étonnant de voir quelque adepte du canyonning descendre en rappel cette paroi que se disputent roches, fougères et cascades. Le décor idéal pour le tournage d'un film de Tarzan... Pour accéder au bassin Cormoran, le plus bas des trois, on revient jusqu'à l'oratoire rouge précédemment signalé ② ; là, on poursuit tout droit, laissant à droite le chemin de retour au parking. On retrouve les tamariniers* de l'Inde, les cassias ainsi que les "tamarins pays". On longe le canal (cette fois-ci le lit de la ravine se trouve à gauche). Il vaut mieux négliger les sentiers à peine marqués qui démarrent çà et là sur la gauche, surplombant une sorte de campement. Ce virage achevé, 300 m environ après l'oratoire, un sentier part à gauche. Il est assez abrupt, inégal et donc à déconseiller aux marcheurs inexpérimentés. Quelques filets

d'eaux abondamment garnis de songes vertes traversent le sentier. On débouche sur un escalier en maçonnerie à demi-envahi de lianes et de racines qui conduit aux ruines d'une ancienne usine hydro-électrique ④. Celle-ci nous rappelle le rôle essentiel joué par ces bassins dans l'alimentation en eau de Saint-Gilles jusqu'aux années 1950. Avec sa cascade blanche, ce bassin est le plus vaste des trois ; entouré de bambous géants, il est un havre de fraîcheur, propice à une pause. Et quel contraste entre cette végétation luxuriante et les alentours de Saint-Gilles, si arides ! Le retour se fait par le même sentier. A l'oratoire ②, on prend à gauche le sentier qui remonte vers le parking.

Canyonning au-dessus des bassins, une activité beaucoup moins périlleuse que l'on s'imagine (voir balade aquatique suivante). Le Bassin Malheur. Le Bassin du Cormoran.

Les bassins de Saint-Gilles
(décrits au XIXe siècle
dans "les choses du Bourbon")

Depuis l'installation du chemin de fer, Saint-Gilles a pris une certaine importance. Le village est situé à l'embouchure d'une pittoresque ravine, dite la Ravine Saint-Gilles. Le lit de la rivière est étroit et profond. Il va de cascade en cascade, formant différents bassins dont l'eau est si bleue, dit-on, qu'il faut en prendre dans le creux de la main pour s'assurer que ce n'est pas une décoction d'indigo. Un de ces bassins, le "Bassin Bleu", a été admirablement dépeint par Leconte de Lisle :
"La gorge est pleine d'ombre où, sous les bambous grêles,
Le soleil au zénith n'a jamais resplendi,
Où les filtrations des sources naturelles
S'unissent au silence enflammé de midi.
Un bassin aux reflets d'un bleu noir y repose,
Morne et glacé, tandis que le long des blocs lourds,
La liane en treillis suspend sa cloche rose
Entre d'épais gazons aux touffes de velours.
Les martins au bec jaune et les vertes perruches
Du haut des pics regardent l'eau dormir ;

Et, dans un rayon vif, autour des noires ruches,
On entend un vol d'or tournoyer et frémir.
A la pente du roc que la flamme pénètre,
Le lézard souple et long s'enivre de sommeil,
Et, par instants, saisi d'un frisson de bien-être,
Il agite son dos d'émeraude au soleil.
Sous les réduits des mousses où les cailles replètes
De la chaude savane évitent les ardeurs,
Glissant sur le velours de leurs pattes discrètes
L'œil mi-clos de désir rampent les chats rôdeurs.
Plus bas, tout est muet et noir au sein du gouffre,
Depuis que la montagne, en émergeant des flots,
Rugissante, et par jets de granit et de soufre,
Se figea dans le ciel et connut le repos.
A peine une échappée étincelante et bleue
Laisse-t-elle entrevoir, en un pan du ciel pur,
Vers Rodrigues ou Ceylan, le vol des paille-en-queue,
Comme un flocon de neige égaré dans l'azur".
...Tout le bestiaire réunionnais s'était, semble-t-il, donné rendez-vous ce jour-là autour du bassin.

Cette randonnée aquatique figurera pour vous le meilleur baptême en canyonning tout en vous procurant fraîcheur et sensations d'aventure, à seulement cinq kilomètres de Saint-Gilles-les-Bains.

fiche technique

Longueur : 680 m

Dénivelé : 160 m

Durée : environ 3 h

Difficulté : facile, pour le peu que vous sachiez descendre en rappel. Si non, accompagnateur expérimenté conseillé. A déconseiller aux personnes sujettes au vertige. Ne jamais s'engager seul sur ce parcours.

Période : toute l'année

Equipement : short, tee-shirt, tennis, corde de rappel de 40 m, longe individuelle

Remarques : cette descente est équipée (rings, plaquettes), notion de gauche/droite toujours face à la descente, prévoir deux voitures (navette) et... de l'eau potable.

itinéraire d'accès

Prenez la D10 en direction de Saint-Gilles-les-Hauts. Laissez un des deux véhicules au parking des trois bassins situé à 2,5 km de Saint-Gilles-les-Bains, puis laissez le deuxième véhicule en bordure de route à environ 1,5 km du parking, le long d'un alignement de roches qui indique le départ de la balade aquatique (balisage blanc et bleu à partir de la route. Carte IGN 1/25 000ᵉ n° 404 R).

description

Depuis ces roches, vous apercevez déjà la cassure de la ravine dont vous êtes séparés par un terrain vague. Traversez-le en orientant votre marche vers la gauche. Arrivé au bord de la cascade, longez-la vers l'amont et engagez-vous sur le petit sentier qui descend parmi la broussaille jusqu'au fond de la ravine. Le lit de la rivière, souvent à sec à ce niveau, vous mène au premier rappel. Premier contact avec le vide, mais aussi plaisir des yeux avec une vue d'ensemble

Avec du bon matériel et l'encadrement de spécialistes du canyonning, chacun réussit à vaincre ses appréhensions face à un vide tel que celui-ci. Il est aussi plaisant de se passer de corde de rappel et de se jeter du haut de la cascade dans les eaux turquoises des Bassins.

D.B.

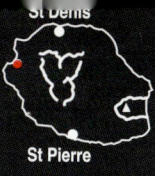
superbe sur le bassin "Malheur", le mal nommé. 35 mètres plus bas, l'eau fraîche et bleutée vous tend les bras. L'Aventure commence en douceur avec un rappel de 10 mètres. L'ancrage est situé sous un arbre incliné en rive gauche (ring, plaquette). Après avoir glissé le long d'une paroi verticale, vous arrivez sur une marche assez large, un relai confortable est aménagé en contrebas dans l'axe de la descente. Après cette mise en jambes, vous voilà au départ du 2ᵉ rappel d'une hauteur de 25 m. Pas de panique, trois grandes marches inclinées vous aident dans la descente au terme de laquelle l'arrivée s'effectue les pieds dans l'eau fraîche du bassin. Communion avec l'élément liquide lors de la traversée à la nage du bassin "Malheur". D'énormes blocs de basalte, facilement accessibles à la sortie de l'eau, vous invitent ici aux plongeons. Après la traversée, rejoignez le canal de captage et suivez-le sur 300 m. empruntez ensuite le petit sentier qui descend à gauche et rejoint la rivière. Traversez-en le lit. Le prochain rappel est posé à gauche de la cascade. Une petite halte s'impose avant d'attaquer la descente. Savourez cet instant en admirant le panorama. Une explosion de formes et de couleurs s'offre à vos yeux. Des hauteurs environnantes vous apercevez Saint-Gilles-les-Bains au contact des eaux turquoises de l'océan Indien et de la végétation dense qui dévale en cette région les versants de l'île. Laissez là la rêverie, la plage sera pour plus tard. Prochaine épreuve : la barre rocheuse dont l'à-pic de 25 mètres se présente sous vos pieds. Cette descente facile vous remet en jambes pour la suite. Le murmure de l'eau vous accueille plus bas, à côté d'une petite

Une expédition pour le moins mouillée et rafraîchissante.

D.B.

l'effort de la remontée dont le départ est signalé par quelques marches en béton. Suivez le sentier et remontez par la gauche après une grosse canalisation. Une plaque bétonnée vous permet de traversez le canal de captage et de retrouver plus loin le parking des Trois Bassins où vous attendent le premier véhicule et les vêtements secs que vous avez pris soin d'y déposer.

vasque moussue qui laisse présager d'un parcours nettement plus aquatique. Deux gros blocs barrent le passage, contournez-les par la gauche pour prendre pied sur la rive. L'amarre du quatrième rappel de 20 mètres est fixée sur une roche à la sortie de la vasque. Descendez-le plus dans l'axe de la cascade. Quelques mètres en contre-bas, la falaise devient glissante et l'eau de la chute plus pressante. Le ton est donné, la douche est inévitable. Fraîcheur assurée après le lézardage au soleil. Sous une copieuse mitraille de perles d'eau, se présente un nouveau surplomb. Arrêtez-vous au dessus du vide pour observer les couches géologiques. Succédant au basalte piqueté de cristaux de feldspath, une coulée de lave plus récente est léchée par les multiples résurgences de la ravine. La dernière partie inclinée étant très glissante, il est préférable de prolonger le rappel jusqu'au bord du bassin des "Aigrettes". En rejoignant le captage sur l'autre rive, vous pouvez savourer une dernière fois du regard ce magnifique voile d'eau bondissant de roches en roches et chahutant au passage les cressonnières sauvages. Longez le captage sur 300 m environ et engagez-vous sur la sente assez raide qui s'enfonce sous les arbres. Au cœur de la végétation, suivez ensuite le cours d'eau par la droite. Une désescalade facile de 4 mètres permet de rejoindre un bassin peu profond. Continuez votre chemin au milieu des ajoncs pour atteindre

la partie la plus sauvage du parcours. Sous une voûte rocheuse habillée de lianes, se cache un large bassin aux reflets sombres. L'air est ici chargé de chlorophyle et d'humidité. Ambiance magique, voire oppressante, le souvenir de cette balade aquatique vous restera à jamais inscrit dans votre mémoire. Contournez le bassin par la gauche et traversez de nouveau la ravine. Le cours d'eau prend ici du débit, s'accélère puis bondit de marches en marches avant de plonger en une belle cascade dans le bassin des "cormorans". Rejoignez le niveau de l'eau par la droite. Une résurgence surgit à droite du départ de la cascade. Traversez-la et profitez-en pour vous mouiller en prévision du saut de 4 mètres que vous allez accomplir dans le bassin de réception de la chute. Pour effectuer cette dernière épreuve avant la remontée, repérez le bassin en question, niché dans une cavité circulaire aux parois verticales recouvertes d'une abondante végétation. Avant de vous précipiter dans le vide, en poussant comme il se doit un cri de joie (ou d'appréhension), repérez le petit pont, en face sur la partie gauche, qui vous permettra de sortir de l'eau en évitant de vous prendre dans les longues herbes de la surface. Vous voici enfin de nouveau au sec. Contournez le bassin par le sentier qui mène aux bambous géants. Une petite clairière invite à un repos bien mérité après toutes ces émotions et qui vous permet de reprendre votre souffle avant

Champion du mimétisme, le caméléon change surtout de couleur selon ses humeurs... Comme quoi il n'est pas aussi endormi qu'on le dit.

Les reptiles

Le registre des reptiles et des amphibiens, tout comme celui des oiseaux et des mammifères de la Réunion, a été amputé de nombreuses espèces originales, sous la dent, présume-t-on, des rats européens échappés des cales des navires. La forêt réunionnaise compte ainsi aujourd'hui : une grenouille, un crapaud, un caméléon, un agame (un petit lézard à crête), quatre geckos nocturnes et quatre diurnes, les "margouillats", (ces petits êtres mous aux pattes gantées de ventouses, friands de moustiques, toujours à l'affût sur les murs autour des lampes), un typhlina (plus ver de terre que serpent et totalement inoffensif, les créoles l'appellent pourtant "serpent-minute") et une couleuvre.

L'agame
Calotes versicolor

C'est le petit lézard que tous les créoles nomment caméléon, alors que le véritable caméléon se fait appeler ici "l'endormi". Originaire des Indes, il a été introduit à la Réunion vers 1865 par le Saint-Charles, puis à Maurice. Il ne fréquente par la forêt dense, mais il est en revanche très abondant sur la côte, dans les jardins, les cimetières, au bord des routes. Il sait aussi nager, même en eau de mer. Bien que beaucoup plus petite, sa silhouette ressemble à celle de l'iguane, avec sa crête dorsale, sa très longue queue et ses hochements de tête caractéristiques. A l'époque de la reproduction, la gorge des mâles s'empourpre alors que d'ordinaire, la teinte de l'animal varie du verdâtre au brun taché de jaune.

Le caméléon ou "endormi"
Chameleo pardalis

Montés à bord de voiliers comme sujets de curiosité, des caméléons de Madagascar ont été lâchés dans la région de Saint-Paul, le port le plus important des siècles passés. Ayant trouvé branches à leur convenance dans les bois qui longent l'étang au pied de la falaise, ils sont aujourd'hui nombreux à lézarder au soleil, l'œil vigilant à la recherche de leur pitance : moustiques, chenilles et papillons qu'ils tirent à vue d'un jet gluant de langue. Les mâles sont en général verts avec des taches rouges tandis que les femelles, plus petites, sont brunes... Mais selon l'environnement, caméléon oblige, l'animal saura jouer de ses nuances pour échapper, sans se fatiguer, à votre regard, comme à celui du moustique omniprésent aux abords de l'étang. Une autre singularité moins connue caractérise l'endormi ; ses deux yeux sont totalement indépendants, ce qui, de face, lui donne un regard de martien, mais qui lui permet de fixer, sans bouger la tête, deux insectes à la fois. Fainéant, sans doute, cet endormi-là n'en est pas moins un chasseur efficace ! Les femelles pondent une vingtaine d'œufs qu'elles enterrent. L'incubation dure une année entière.

Un sentier rocailleux qui débute à travers brandes* et ajoncs et qui se termine dans un paysage quasi-désertique ; un passage par la Glacière, et au bout de l'effort, le spectacle grandiose des cirques de Mafate et de Cilaos.

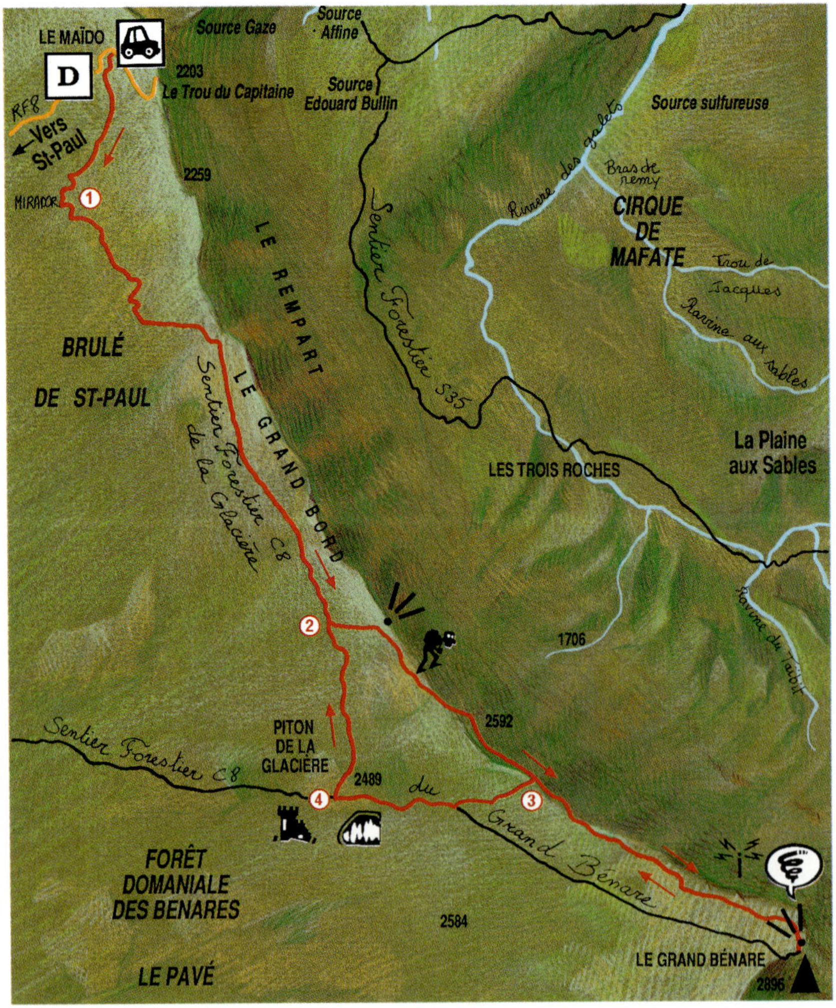

fiche technique

Longueur : 18 km aller-retour
Dénivelé : 730 m
Durée : 6 h 30 aller-retour
Difficulté : sentier très rocailleux, très fort ensoleillement, itinéraire délicat en cas de brouillard
Période : toute
Equipement : randonnée classique
Point d'eau : néant
Balisage : marques blanches
Recommandations : partir très tôt (fréquemment les nuages s'installent vers 10 h...) ; être chaudement vêtu en hiver (mai à septembre) où, des températures avoisinant 0°C sont fréquentes
Carte IGN 1/25 000 : n° 4404 R et 4405 R

itinéraire d'accès

A 53 km de Saint-Denis. A 27 km de Saint-Paul.
Saint-Denis/Saint-Paul par la RN 1. A Saint-Paul, prendre la RD 6 (Rampes de Saint-Paul), la route monte en lacets, contourne le plateau Cailloux et atteint le village de Fleurimont. Suivre le balisage pour le Maïdo en empruntant successivement la RD 8, la RD 4 et la RD 7. Après le village de Guillaume prendre, à gauche, la RD 3 puis, à droite, la RF 8, jusqu'à son terme, le parking du Maïdo. Profiter de l'heure matinale pour saisir le spectacle grandiose du cirque de Mafate.

description

Le sentier débute peu avant le dernier virage de la RF 8 juste au-dessous du parking du Maïdo. Des panneaux indicateurs, posés par l'O.N.F. le

signalent. Il se dirige tout d'abord vers une tour de guet qu'on laissera à droite pour continuer sur le sentier principal ①. On marche alors au milieu des ajoncs aux feuilles piquantes et qui, en saison, éclaboussent le paysage de taches d'un jaune vif et le parfument d'une bonne odeur de noix de coco. Au bout d'une heure et demie environ, on arrive à un premier carrefour ②. Deux possibilités s'offrent alors au randonneur : le Grand Bénare par le sentier des remparts ou par la Glacière. Malgré la difficulté légèrement plus importante, il faut se souvenir que les sommets se couvrent très vite et choisir le circuit par les remparts en prenant à gauche. On pourra ainsi profiter, tout le long du parcours, jusqu'au sommet, de la vue exceptionnelle sur le cirque de Mafate. En quittant le carrefour des sentiers (Glacière, rempart), on atteint le haut de la falaise en une dizaine de minutes à peine. Rien alors ne cache la vue : le cirque de Mafate dans toute sa splendeur et dans toute sa magnificience. On domine le lit de la rivière des Galets et le site sauvage de Trois Roches de quelques 1 400 mètres. De l'autre côté de la rivière, on aperçoit le village de la Nouvelle avec en arrière-plan la crête des Calumets qui se termine à droite par le morne de Fourche. Après avoir profité du spectacle, on reprend le sentier et on attaque une rampe assez dure (90 mètres de dénivelé). On peut alors découvrir la côte ouest et les différents étages de végétation de cette partie de l'île : la savane littorale, la zone cultivée et la forêt d'altitude. En haut de la rampe, le sentier se rapproche de la falaise. Il faut alors faire attention au

Le sentier rocailleux du Grand Bénare. Regard sur le cirque de Mafate depuis le calvaire planté à 2896 mètres d'altitude : l'îlet de Marla au fond du cirque, veillé derrière par le Gros Morne et, plus loin, par le Piton des Neiges.

danger que représentent les nombreuses failles et ne pas s'écarter de la piste balisée. La végétation de plus en plus rabougrie se compose presque uniquement de brande*. Quelques rares oiseaux fréquentent malgré tout ces lieux désolés. Ils profitent eux aussi de la liberté et de l'espace. Environ un quart d'heure après le sommet de cette rampe, on arrive à une intersection ③. Le sentier de droite mène à la Glacière. Pour le Grand Bénare, on continue tout droit, toujours en longeant la falaise du cirque de Mafate. Au bout d'environ une heure, on arrive au sommet. On passe alors devant quelques antennes avant d'arriver au bord de la falaise. Le randonneur peut s'installer à son aise sur des sortes de petits balcons surplombant la falaise et admirer le paysage. On se sent tout à la fois grand et petit devant cette scène splendide. Juché sur le troisième plus haut sommet de l'île, on domine les cirques de Mafate et de Cilaos. Les maisons de Marla, juste en dessous, paraissent minuscules et on piétine Cilaos du regard (1 800 m plus bas). En face, le Gros Morne et le piton des Neiges règnent majestueux sur les cirques. Après s'être reposé et avoir subi le charme envoûtant du spectacle, on peut se relever pour un tour d'horizon complet. Une petite balade le long de la falaise (attention au vertige !) permettra au randonneur de découvrir une bonne partie du centre de l'île. En se tournant face au piton des Neiges, on découvre, à gauche : Mafate dans sa presque totalité. Loin, au-delà du morne de Fourche, on aperçoit une partie du cirque de Salazie avec le village de Grand Ilet. Le regard balaie à nouveau le massif du piton des Neiges pour plonger sur le cirque de Cilaos. A droite, on domine Ilet à Cordes. Au loin, sur la côte, on distingue nettement, la ville de Saint-Pierre et si le temps est beau, le massif de la Fournaise par delà le rempart du Dimitile. Après avoir bien profité de la vue, il faut songer au retour. Plusieurs possibilités s'offrent au randonneur. Il peut longer la falaise du cirque de Cilaos et passer par le Petit Bénare (très long), descendre directement à la Glacière (peu d'intérêt), ou reprendre le sentier du rempart. Pour pouvoir encore profiter de la vue sur le cirque de Mafate, il est conseillé de choisir la dernière solution. Pour se rendre à la

Le belvédère du Maïdo

Glacière, il faudra alors prendre à gauche à la première intersection ③, après trois quarts d'heure de descente, et suivre le balisage. Le sentier contourne une colline par la droite et descend sur le site de la Glacière ④, qu'on atteint au bout d'une demi-heure à partir de l'intersection. En visitant la Glacière on peut découvrir quelques ruines : trois puits à l'abri d'une grotte qui servaient autrefois au stockage de la glace. En effet, dans cette zone altimontaine, il peut faire très froid, et l'eau gèle à la surface de nombreux petits bassins. Le nom "Bénare" vient en effet du malgache et signifie "très froid" (*be* : "très" et *nara* : "froid"). A l'époque où la Glacière était en activité, les esclaves étaient chargés de collecter les plaques de glace et de les empiler. Les blocs ainsi constitués étaient ensuite acheminés dans les "bas" (la zone littorale). La tradition attribue cette exploitation à Madame Desbassyns, personnage célèbre à la Réunion. En réalité, l'entreprise appartenait à un certain Morénas et elle a été reprise, beaucoup plus tard par Madame Desbassyns. La visite terminée, on reprend la direction du Maïdo. Des panneaux indicateurs montrent la direction à suivre. A partir de là, le sentier est toujours caillouteux, mais presque plat. Au bout d'une demi-heure, on retrouve le sentier qui mène au Grand Bénare par le rempart, on le laisse à droite et on continue tout droit ②. Après environ une heure de marche on aperçoit la tour de Bernica ①. L'arrivée à Maïdo est alors proche : dix minutes à un quart d'heure.

L'ensemble du Cirque de Cilaos depuis le Grand Bénare : à gauche, en contre-bas la station thermale de Cilaos et à l'horizon La Fournaise, à droite les gorges du Bras de Cilaos au pied du Dimitile, la ville de St Pierre et l'Océan Indien

ASTRONOMIE (latitude 21° Sud)

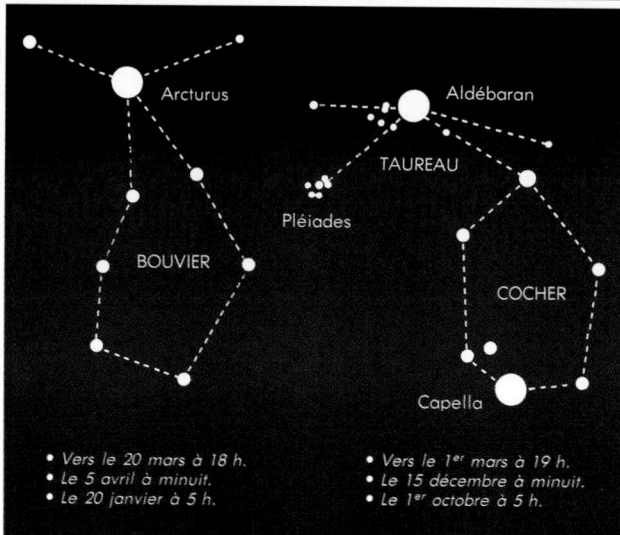

- Vers le 20 mars à 18 h.
- Le 5 avril à minuit.
- Le 20 janvier à 5 h.

- Vers le 1er mars à 19 h.
- Le 15 décembre à minuit.
- Le 1er octobre à 5 h.

Horizon nord

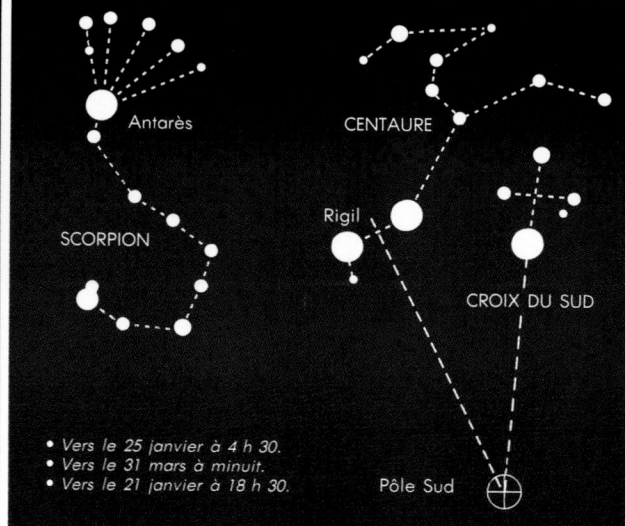

- Vers le 25 janvier à 4 h 30.
- Vers le 31 mars à minuit.
- Vers le 21 janvier à 18 h 30.

Horizon sud

La montagne est le lieu rêvé pour l'observation du ciel. Loin des lumières et des poussières des villes et villages, le randonneur peut à son aise aller se promener vers les étoiles et les constellations. Un peu de curiosité et parfois un vêtement un peu chaud suffisent pour entreprendre cette observation. Les plus curieux des randonneurs se muniront de cartes du ciel et autres guides d'astronomie et d'une boussole. La Réunion, île-montagne, offre de nombreux sites privilégiés, souvent dégagés de tous nuages, surtout la nuit. Parmi ces sites, points de vue imprenable, figurent la région du Grand Bénare, le piton des Neiges et le Volcan. Les cirques, de par leur encaissement, ne permettent qu'une vue partielle de la voûte céleste. Si les amateurs avertis arrivent facilement à se repérer parmi les milliards d'étoiles, toute observation demande un minimum d'informations. Tout d'abord, il faut se souvenir que la Réunion se situe dans l'hémisphère sud, à 21° de latitude exactement et que les repères dans le ciel ne sont pas les mêmes qu'à Paris, Bordeaux ou Rome. Pas question ici de chercher

l'Etoile Polaire. Si on peut en certains lieux voir la Grande Ourse, la rotondité de la terre fait que l'astre boréal se situe en dessous de l'horizon nord et reste caché à l'observateur situé à la Réunion. Par contre, la Croix du Sud est visible toute l'année, il suffit d'être le nez au ciel au bon moment de la nuit. Comme l'Etoile Polaire pour le Nord, la Croix du Sud est un élément intéressant pour l'orientation dans cet hémisphère. En effet si aucun astre ne marque le pôle sud, la proximité de la Croix du Sud et des étoiles α et ß de la constellation du Centaure permet de le situer. L'observation du ciel à cette latitude permettra bien entendu de reconnaître des constellations visibles de l'hémisphère nord. Situés sur ou à proximité de l'équateur céleste, on peut admirer la constellation du Grand Chien et Sirius, l'étoile la plus brillante du ciel, Orion, remarquable grâce aux trois étoiles alignées du baudrier, l'Aigle et Altaïr et bien d'autres. Un peu plus bas, sur l'horizon nord, on trouvera les Gémeaux et le Cocher, le Cygne, la Lyre et la Grande Ourse. La Croix du Sud, les constellations du Centaure et du

Scorpion constituent le décor de l'horizon sud. A l'ouest de la Croix du Sud, Canopus brille de tous ses éclats à proximité du Grand Nuage de Magellan. Achernar, autre étoile brillante, voisine avec le Petit Nuage de Magellan, Antarès de la constellation du Scorpion, Canopus, Fomalhaut, Aldébran, des noms enchanteurs pour des étoiles de grand éclat. La nuit sera aussi propice à la découverte des planètes. Vénus, appelée ici étoile "4 heures", car elle accompagne souvent les lève-tôt, brille de tous ses éclats. Mars, Jupiter et Saturne sont souvent visibles à l'œil nu et facilement observables à la lunette. Le jour le soleil est roi. Se dirigeant dans sa course apparente vers le tropique du Capricorne, il passe au zénith vers le 27 novembre. Dans son déplacement vers le nord, après le solstice d'hiver (21 décembre), il passe une deuxième fois au zénith vers le 15 janvier avant d'aller réchauffer des contrées plus septentrionales.

Carte du ciel à utiliser à cette latitude :
"Miniciel Austral" *Pierre Bourge - Michel Vignan.*

Une excursion à la glacière

"Une aigre froidure pinçait les doigts et les oreilles" du dénommé Héry et de ses compagnons, partis sur le Maïdo à la recherche de la tombe du Roi des Marrons, Phaonce, en 1852. La description qu'il fit du lieu, était sans demi-teinte. Soucieux, sans doute, de valoriser au mieux son *"exploit"*, l'ascension du Petit Bénare devint sous sa plume une véritable expédition polaire : *"vos yeux errent à perte de vue sur une steppe d'un blanc cendré, rayé de bandes noirâtres d'une lave pulvérulente. Le frisson fait claquer vos mâchoires, la terre glacée craque sous vos pas, et au bout de quatre mortelles heures vous arrivez enfin à la Glacière. Rien de plus étrange que cette localité, et je m'en faisais une très fausse idée. Figurez-vous, dans un chaos de roches soubresautées, une large*

La glacière aujourd'hui et au milieu du XIXe siècle

gueule de baleine... voilà l'entrée de l'immense caverne au pourtour de laquelle gisent cinq cavités dans l'une desquelles se trouvent empi- *lées quinze pieds de glaçons de trois pouces d'épaisseur. La température s'abaisse tellement dans cet antre, que la respiration s'y solidifie, pour ainsi dire en vapeur compacte, et que le froid y devient douloureux".*

Le marronnage

"L'esclave était "un meuble" sans autre droit que celui de recevoir des châtiments exemplaires [...] Aussi malgré les peines extrêmes qu'ils encouraient (oreilles, mains, jarrets coupés), les plus malheureux et les plus hardis partirent "marrons". Ils gagnèrent alors le haut des propriétés très boisées et marchant plus loin, ils découvrirent le cadre propice à leur fuite : les cirques. [...] Là ils s'organisent en famille se déplaçant en "camp" à travers les cirques, vivant de pêche de chasse ou de maigres cultures. Quand des objets de grande nécessité devenaient indispensables, ils partaient en bande faire des descentes sur les habitations les plus isolées, volant des tissus, des ustensiles, des armes, incendiant des maisons et les *champs, tuant parfois Blancs et Noirs [...]. Les cirques et certains pitons gardèrent le nom des marrons qui les avaient choisis pour lieu de retraite : Cimendef, Anchaing, Mafate".*
Catherine Lavaux "Du battant des lames au sommet des montagnes"

Le roi Phaonce

"Cet ancien roi des grands marrons (car tel était le titre qu'avait pris ce Soulougue de Bourbon) avait ses gardes, sa hiérarchie, sa haute justice qui consistait à faire précipiter les délinquants du haut d'un escarpement de 800 toises. Il trônait sur un fauteuil qu'il avait fait tailler dans le roc et que l'on voit encore aujourd'hui. Phaonce avait aussi pratiqué dans sa caverne des meurtrières *par lesquelles il tirait sur les détachements avec deux fusils qu'avait trouvé le moyen de se procurer sa majesté marronne".*
Hery (1852)

La prétendue caverne de Phaonce (bal. suivante)

Dans les hauts de l'ouest, à plus de 2 000 mètres d'altitude le spectacle grandiose des cirques de Mafate et de Cilaos et une randonnée au cœur de l'esclavage et du marronage sur les traces du roi Phaonce.

fiche technique

Longueur : 26 km aller-retour
Dénivelé : 450 m
Durée : 9 h
Difficulté : sentier caillouteux
Période : toute
Equipement : randonnée classique
Point d'eau : néant
Balisage : marques blanches
Recommandations : partir très tôt (fréquemment les nuages s'installent vers 10 h...) ; être chaudement vêtu en hiver (mai à septembre), où des températures avoisinant 0° C sont fréquentes.
Carte IGN 1/25 000 : n° 4404 R et 4405 R

itinéraire d'accès

A 53 km de Saint-Denis. A 27 km de Saint-Paul.

Saint-Denis/Saint-Paul par la RNI. A Saint-Paul, prendre la RD 6 (rampes de Saint-Paul), la route monte en lacets, contourne le plateau Cailloux et atteint le village de Fleurimont. Suivre le balisage pour le Maïdo en empruntant successivement la RD 8, la RD 4 et la RD 7. Après le village de Guillaume prendre, à gauche, la RD 3 puis, à droite, la RF 8, jusqu'à son terme, le parking du Maïdo. Profiter de l'heure matinale pour saisir le spectacle grandiose du cirque de Mafate.

description

Sans trop s'y attarder, afin d'arriver au sommet du Petit Bénare avant les nuages, il faut prendre le temps d'aller admirer le splendide panorama que vous offre sans effort, le Maïdo. La route s'achève sur une aire de stationnement d'où l'on gagne en quelques pas une barrière de bois et un premier point de vue. Là une table d'orientation permet d'identifier sommets et îlets. De gauche à droite : la Roche Ecrite massive, la crête de la Marianne qui conduit au Cimendef, le plus pointu des sommets, le morne de Fourche et ses "deux tours", le massif de Salazes que domine le Gros Morne : de ses 2 991 m, il masque le sommet du piton des Neiges. Par-delà les crêtes déchiquetées qui descendent vers le col du Taïbit, on aperçoit le sommet de l'Entre-Deux, le Dimitile et loin, le Volcan. Enfin, tout à fait à droite, au bout de cette muraille à pic, le Grand Bénare vertigineux. A vos pieds, sous vos yeux, mais 1 100 m plus bas, l'îlet de Roche Plate. Et puis au hasard des crêtes, des plateaux, des ravines, des escarpements, dans ce paysage tourmenté mais toujours vert on est surpris de découvrir quelque îlet perdu : cinq, six, dix maisons, bois et tôle le plus souvent quelques carrés d'un vert plus clair, ou plus foncé tout autour : les cultures. Et pas (encore) de trace de route, ni de piste, c'est Mafate... Amusez-vous à repérer Aurère, Ilet à Bourse, Cayenne, Grand-Place sur son plateau minuscule, Ilet à Malheur. Et encore,

la Nouvelle qui au milieu de ces hameaux fait presque figure de ville... Marla enfin, huit ou dix

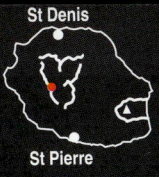

Le puits de stockage de la glace. Sur le site de Piton Rouge, les sculptures de Gilbert Clain rendant hommage aux marrons.

cases posées au pied du Grand Bénare. Sur la gauche, un sentier escalade quelques marches et conduit à un autre point de vue situé à moins de 200 m. Outre les îlets, crêtes et sommets déjà mentionnés, on découvre l'Ilet des Orangers, célèbre pour sa source captée, et la rivière des Galets qui fuit vers le Port. Le regard, en se portant à gauche, embrasse une partie de la côte ouest avec le Port, la baie de St-Paul et l'immense antenne Oméga (427 m). Sans nul doute l'un des plus beaux panoramas de la Réunion. En revenant vers le parking au lieu-dit "Trou du Capitaine" un panneau explique l'anecdote qui est à l'origine de cette appellation. Il faut ensuite descendre jusqu'au premier virage en dessous du parking d'où part le sentier vers la Glacière. Jusqu'à la Glacière l'itinéraire est semblable à celui de la balade n° 2. Un nouveau sentier part de la Glacière ①. Il escalade sur quelques mètres le bord sud de la petite ravine dans laquelle se situe la Glacière, puis part plein sud en direction du Piton Rouge. Fort bien balisé (en blanc) il présente très peu de dénivelé. La végétation arbustive, brandes* et tamarins des hauts rabougris, est de plus en plus clairsemée. Les cailloux laissent place par endroit à de larges pavés de lave. Après un quart d'heure de marche on trouve un puits, ayant sans doute servi au stockage de la glace, parfaitement conservé. 400 mètres plus loin, une intersection : on prend à droite ②. Le sentier traverse de nombreuses petites dépressions qui sont les bras secondaires de la Grande Ravine d'abord, puis de celle des Colimaçons. On traverse aussi trois ravines nettement creusées (Simambry, Fleurs jaunes, Colimaçons). A remarquer, au sommet des "remparts" qui les bordent, la forme prismatique que prend le basalte : ce sont les fameuses "orgues". Quelques petits bassins au fond de ces ravines

dont un plus important légèrement en contrebas du sentier, dans la ravine des Colimaçons. On voit de très loin le dôme couleur argile du Piton Rouge, et après 1 heure environ de marche (depuis la Glacière) on arrive à une intersection (panneau ONF) ③. On délaisse pour l'instant le sentier de gauche qui monte vers le Petit Bénare, pour emprunter celui qui descend vers le Piton Rouge : un petit quart d'heure suffit pour y parvenir. Il s'agit d'un petit cône auquel les scories ont conféré cette couleur et ce nom. La végétation sans être exubérante y est nettement plus riche que dans ses parages immédiats : fromental, fougères... et même pommes de terre ! C'est qu'il s'agit d'un lieu chargé de souvenirs et de symboles : un des hauts-lieux du marronage (voir encadré). Le Piton Rouge (2 401 m) offre également un joli point de vue sur la côte ouest. De plus on peut y voir depuis 1990 plusieurs sculptures de Gilbert Clain réalisées en souvenir et en hommage aux marrons qui vécurent autrefois dans ce secteur. On prend en sens inverse le

sentier qui remonte jusqu'à l'intersection ③ précédemment signalée (1/4 d'heure). On prend cette fois la direction du Petit Bénare, et 5 minutes environ après l'intersection on trouve la caverne et la tombe (un amas de cailloux) que l'on dit être celle du roi Phaonce (voir encadré). Le sentier devient de plus en plus caillouteux, plus pentu. Il monte en lacets puis atteint un replat. On traverse la ravine des Avirons pour atteindre le Petit Bénare (2 576 m) et le bord du cirque de Cilaos après 3/4 d'heure de marche (depuis l'intersection). La vue, ici encore, est magnifique et l'on ne saurait trop conseiller de se munir d'un appareil photo, et de la carte IGN (4405 R) : tous les sommets, toutes les crêtes qui bordent Cilaos, on a loisir de les admirer, ainsi que les forêts, les ravines, et tous les îlets enchâssés dans le cirque. Au-delà, vers le Sud, le panorama s'avance sur l'Etang Salé, Saint-Louis, Saint-Pierre et le Tampon. Il faut compter 3 h 30 pour regagner le parking du Maïdo par le même chemin.

Une balade familiale agréable et facile que les plus sportifs peuvent prolonger ; un merveilleux point de vue sur le cirque de Mafate, l'occasion d'une passionnante leçon de géographie "in situ".

fiche technique

Longueur : 2,5 km
Dénivelé : 200 m
Durée : 1 h 15
Difficulté : quelques passages vertigineux en première partie ; trois échelles et quelques passages raides en deuxième partie
Période : toute
Equipement : randonnée légère
Point d'eau : néant
Balisage : blanc
Carte IGN 1/25 000 : n° 4401 R

itinéraire d'accès

A 34 km de Saint-Denis. A 20 km de la Possession

En venant de Saint-Denis, quitter la RNI à l'échangeur du Sacré-Cœur (direction RN4 et rivière des Galets). Prendre la direction du village de la Rivière des Galets. Emprunter la RDI en direction de Sainte-Thérèse et de Dos d'Ane. Traverser ce village d'altitude (1 100 m) et juste à la sortie de l'agglomération, prendre à droite le chemin forestier du Cap Noir, indiqué par un panneau. Il s'agit en fait d'une petite route bitumée qui s'achève au bout d'un kilomètre et demi sur un parking.

description

Le sentier part sur la gauche, une trentaine de mètres avant le fond du parking. Il débute par quelques marches taillées dans la terre. Au bout d'une cinquantaine de mètres, on arrive à une bifurcation ①. Des panneaux indiquent : à gauche, Roche Verre Bouteille, 1,3 km (ce sera l'itinéraire de retour), à droite, Kiosque du Cap Noir, 0,5 km. On emprunte donc le sentier balisé de droite qui longe la falaise dominant la rivière des Galets en contre-bas. La marche est aisée. Le sentier, en balcon, avec ses neuf cents mètres d'à-pic, peut s'avérer impressionnant pour certaines personnes mais il est suffisamment large. Chemin faisant, on découvre quelques îlets* en bas, dans la rivière et au loin la baie de Saint-Paul. Mahots, bois maigres, goyaviers et bibasses jettent une ombre fraîche sur le sentier. On atteint rapidement le Cap Noir ②. Un kiosque permet de profiter d'une pause et une table d'orientation d'identifier les sommets, en face. En partant de la gauche, on voit d'abord la Roche Ecrite, puis le Cimendef au bout de la crête de la Mariane. Le tour d'horizon se poursuit avec le piton Cabri au bout de la crête des Calumets, Piton des Neiges et Gros Morne dominent le cirque bordé à l'ouest par le rempart du Grand Bénare. On découvre le formidable travail de l'érosion : crêtes déchiquetées, plateaux striés de profondes ravines, vallées, gorges et remparts. Tout en bas, juste à l'à-pic du Cap Noir : les Deux-Bras. Il s'agit du confluent du bras Sainte-Suzanne et de la rivière des Galets. On y remarque, en regardant bien, quelques petites cases en tôle, seul signe tangible d'une présence humaine. Le mince trait qu'on aperçoit sur l'autre versant de la rivière des Galets, à mi-hauteur de la falaise, n'est autre que la canalisation des Orangers, sur laquelle

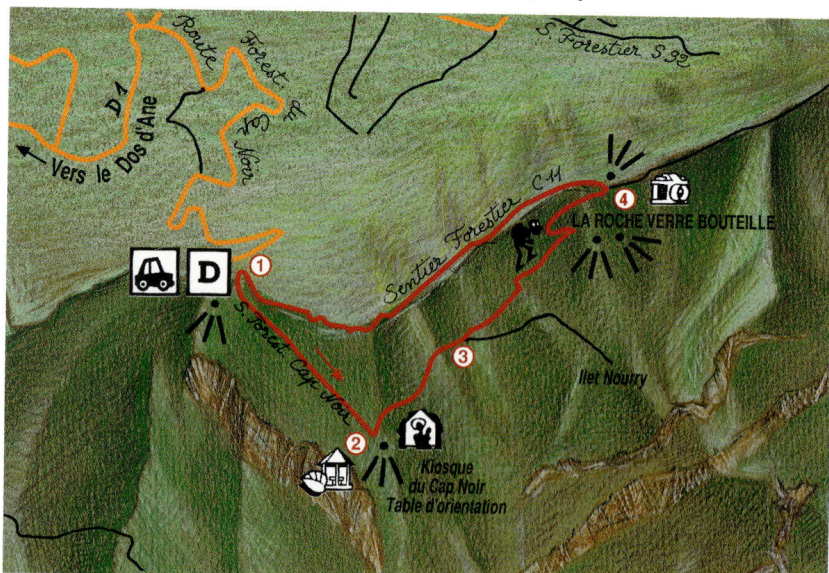

court le sentier de Sans-Souci. On ne se lasse pas de découvrir tel îlet, tel sommet et l'endroit se prête tout à fait à un pique-nique familial. Pour les promeneurs ne voulant pas effectuer la totalité du circuit, le retour au parking se fait par le même sentier. La deuxième partie, sans présenter de difficulté majeure, s'adresse à des marcheurs un tant soi peu sportifs. Le sentier, accroché au rempart, à l'intérieur du cirque de Mafate, pénètre presque aussitôt dans un agréable sous-bois égayé de quelques fleurs aux vives couleurs et parfois d'un chant d'oiseau. Deux cents mètres environ après le kiosque, on rencontre une fourche ③ : on prendra le sentier de gauche (celui qui descend à droite file vers le minuscule îlet Nourry). Parfois étroit, parfois pentu, le chemin permet d'apercevoir la Roche Verre Bouteille, but de la balade, sur la crête, à gauche. Point n'est besoin de trop d'imagination : la bouteille et le verre sont ressemblants. Le sentier décrit quelques lacets ; on franchit trois échelles scellées dans la roche. Un dernier raidillon et l'on se retrouve sur la crête, à côté de blocs de basalte qui ne ressemblent plus, mais alors plus du tout ni à un verre ni à une bouteille ④. Mais pas de déception, loin de là : le panorama est magnifique, non seulement sur Mafate et ses grands sommets, mais aussi sur le cirque de Dos d'Ane et sur la côte de Saint-Paul à la Possession. A partir de la Roche Verre Bouteille, on prend à gauche le sentier qui suit la ligne de crête (en laissant celui qui part à droite en direction de la plaine d'Affouches et de la Roche Ecrite). La végétation de brandes* arbusives permet de profiter de jolis points de vue. La crête culmine à 1 310 mètres, puis bientôt le sentier plonge - descente assez raide - en direction du parking que l'on atteint après une petite demi-heure de marche depuis la Roche Verre Bouteille.

En contre-bas, le village de Dos d'Ane, et une percée du regard jusque celui du Port. Les sommets de l'île depuis le piton basaltique en forme de bouteille, l'objectif de cette balade à apprécier sans modération.

Les oiseaux de la Réunion

La faune des Mascareignes a été profondément et définitivement modifiée par l'homme. D'une avifaune autrefois riche, il reste cependant quelques espèces qui vivent essentiellement en forêt, protégées par leur habitat retiré ou simplement épargnées à cause de leur petite taille. A cette faune originelle s'ajoute les espèces introduites par les premiers colons et leurs successeurs. L'avifaune actuelle se compose ainsi :
- d'oiseaux terrestres ou marins qui se sont naturellement installés, se reproduisent dans l'île et sont généralement sédentaires : ce sont les indigènes,
- d'oiseaux de passage arrivant à intervalles réguliers, qui accomplissent sur l'île ou dans ses environs une partie de leur cycle annuel, mais ne nichent pas à la Réunion : ce sont des visiteurs ou des migrateurs,
- d'oiseaux terrestres exotiques, introduits par l'homme, volontairement ou non.

Les oiseaux indigènes

Les oiseaux indigènes, ceux qui égayent les promenades en montagne, sont donc arrivés sur l'île par leurs propres moyens ou par ceux, occasionnels, de la nature. En s'acclimatant aux conditions particulières de chaque île, ils ont évolué siècle après siècle pour donner un type original souvent différent de l'ancêtre colonisateur. Ils se sont adaptés à leur nouvel habitat, ont modifié leur comportement, leur alimentation, et leur morphologie, au point que chaque île de la région, trop éloignée de sa voisine pour un vol d'oiseau, présente aujourd'hui des espèces différentes issues sans doute d'une même souche antique.
Il est probable que ce soit de Madagascar et lors de cyclones qu'a été apportée la plupart des oiseaux

qui peuple les Mascareignes. Parmi les vingt et une espèces indigènes de la réunion, six sont endémiques, c'est-à-dire propres à nos montagnes.
Les voici, présentées au XIXe siècle par le célèbre lithographe André Roussin.

La huppe de la Réunion
Fregilupus varius

De la même famille que les "martins", la huppe de la Réunion était, avec le solitaire et le perroquet mascarin, l'endémique le plus remarquable de la faune réunionnaise. C'est aussi, avec le perroquet mascarin, le seul oiseau éteint de l'île dont des dépouilles naturalisées furent conservées. Il en existe une vingtaine réparties dans divers musées du monde, dont le superbe muséum d'histoire naturelle de Saint-Denis.
Sa disparition, vers les années 1850, fut brutale et sans appel. Sa chair était malheureusement excellente, au goût des hommes qui le chassèrent à outrance, et au goût des chats et surtout des rats que l'homme amena dans ses cales avec lui par erreur. A ces prédateurs étrangers s'ajouta un parasite nouveau contre lequel l'oiseau n'avait aucune immunité. Animal de compagnie, ce bel oiseau se nourrissait en cage de chouchou, de pomme de terre et de banane, tel un mainate.

Le busard de Maillard, ou "papangue"
Circus maillardi

C'est un oiseau des hauts assez courant qui affectionne particulièrement l'étage supérieur de la canne, la forêt et les brandes entre 500 et 1 500 mètres d'altitude. Cet animal endémique, cousin du busard de Madagascar, est l'unique oiseau de proie de la Réunion. Outre que son vol plané se repère aisément dans les cieux, ses excréments se

rencontrent fréquemment sur les sentiers sous forme de petites poches à l'intérieur desquelles on peut détailler les restes non digérés de leurs proies : plumes et becs d'oiseaux, poils et dents de petits rongeurs ... En vol, les mâles au ventre et aux ailes blanches se distinguent facilement des femelles brunes striées de blanc. Les petits sont, quant à eux, entièrement brun sombre.

L'oiseau lunettes gris, ou "zoiseau blanc"
Zosterops borbonica borbonica

Cet oiseau grégaire, peu farouche se déplace en bandes de cinq à vingt individus dans les arbres et les arbustes. Fréquentant tous les milieux, il est un des oiseaux les plus communs de l'île.

Le tec-tec
Saxicola tectes

Très peu farouche également et n'existant qu'à la Réunion, le tec-tec doit son nom à l'onomatopée de son cri. Le mâle a le dos et les ailes noirs, la gorge blanche et le plastron roux. La femelle, une fois de plus, est plus terne.

Le lit-chi, ou "zoiseau vert"
Zosterops olivacea

Ce petit oiseau se distingue facilement en forêt à sa livrée couleur olive, comme le précise son nom scientifique, et à ses grosses lunettes blanches qui lui donnent un faux air d'aviateur. Un clin d'œil, sans doute, à l'enfant du pays, Roland Garros ...

Le tuit-tuit
Coracina newtoni

Si la chance vous accompagne en chemin, peut-

La huppe de la Réunion

Le papangue

Le zoiseau la vierge

Le zoiseau vert

Le zoiseau blanc

La salangane

Un paille-en-queue immobilisé ici par un braconnier malgré le décret qui prétend protéger cet élégant oiseau marin.

être croiserez-vous le vol du plus rare volatile de la Réunion, appelé aussi pour ce fait le "merle blanc", oiseau quasi mythique qui a fait récemment l'objet d'une campagne en faveur de sa protection.

Le bulbul de la Réunion, ou "merle" Hypsipetes borbonica

C'est l'habitant typique des forêts denses où il occupe la strate moyenne et haute des arbres, à la recherche de fruits sauvages et d'insectes. Cette espèce, propre à la Réunion, est malheureusement trop chassée. Sans être rare aujourd'hui, attention donc à ne pas le rayer du registre des habitants de l'île, comme le fut la huppe au siècle dernier. Vous aurez sans doute du mal à le distinguer dans le fouillis végétal de la montagne, mais on ne peut, en revanche, manquer d'entendre les airs mélodieux qu'il adresse à ses congénères d'un versant à l'autre.

Le gobe-mouche de paradis de Bourbon, ou "zoiseau la vierge", chacouat, "zoiseau-malheur" Terpsiphone bourbonnensis bourbonnensis

C'est certainement le plus bel oiseau de l'île avec sa tête bleu sombre à reflets métalliques, sa longue queue rousse et son plastron clair. Le mâle porte également au sommet de son crâne une courte huppe. Modèle de fidélité, il vit presque toujours en couple dans les forêts denses, les ravines, les clairières et les sentiers ombragés de basse et moyenne altitude. Cette espèce endémique aux Mascareignes, est représentée à Maurice par une autre sous-espèce, la forme dite "desolata". Les Mauriciens associent donc plus ce petit oiseau au malheur qu'à la

Vierge. A la Réunion, pourtant, c'est toujours un plaisir de les avoir comme compagnon de route, car, peu farouches, ils ne dédaignent jamais de faire avec vous un bout de chemin.

Le paille-en-queue Phaeton lepturus

Les paille-en-queue vivent exclusivement dans la zone tropicale des trois océans. Ils pénètrent profondément à l'intérieur des terres jusque dans les cirques et les ravines. Capables de tourner presque sur place, ils plongent en piqué pour attraper calmars et petits poissons, l'essentiel de leur nourriture. Ils nichent généralement en petites colonies dans une crevasse ou sur une corniche de falaise. Leur nid est un simple creux garni parfois de quelques plumes.

La salangane et l'hirondelle des blés Collocallia francica et Phedina borbonica

La salangane façonne son nid de lichens et de mousse contre les parois rocheuses à l'aide d'une gomme secrétée avec sa salive. De même que l'hirondelle des blés, ou hirondelle de Bourbon, elle vole à tous les étages de végétation de l'île, de la mer jusqu'aux branches.

Les colonisateurs

Un certain nombre d'oiseaux introduits par l'homme au fil des siècles de la colonisation, complète l'inventaire de l'avifaune réunionnaise. Ce sont de loin les plus visibles, puisque devenus quasi

domestiques ils continuent à vivre près de lui, en agglomération, dans les parcs et les cultures.
Outre l'omniprésent "moineau" (Passer domesticus linne), le traditionnel pique-assiette des terrasses de café, signalons :

Le bellier : Ploceus cucullatus spilonotus

Lorsqu'une colonie de ce petit tisserand jaune porte son dévolu sur un arbre, qu'il soit filao ou cocotier, ce dernier se transforme rapidement en "sapin de Noël". Cela se passe généralement dans les bas, en pleine commune. Chaque bellier tisse, la tête en bas, un nid de paille en forme de coquille d'escargot qu'il accroche à une des branches de l'arbre-HLM telle une boule de Noël. L'ouverture est confectionnée en dessous du nid et donne accès à une "chambre" que le mâle rend douillet pour sa femme et sa future progéniture en y accumulant du duvet et des bourres de poil chipées dans les niches voisines.

Le cardinal Foudia madagascariensis

Il doit son nom à la livrée de feu que le mâle arbore, en période de reproduction, à l'adresse de celle qui daignera l'éteindre. Comme le nom scientifique l'indique, cette espèce est originaire de Madagascar.

Le martin Acridotheres tristis

Le martin est un mainate importé des Indes vers 1750 par l'illustre intendant de la colonie, Pierre Poivre, pour débarrasser les cultures des sauterelles dont l'oiseau était réputé grand consommateur. Le résultat sur les insectes fut concluant mais les colons constatèrent ensuite qu'à défaut de sau-

terelles, ce bataillon à plumes noires, se délectait des fruits de leurs vergers, et pis encore, de leurs semences. Depuis cette date, les relations entre le martin et l'homme vécurent des hauts et des bas. Parfaitement acclimaté aujourd'hui à la Réunion et à Maurice, cet oiseau a conservé ses dons d'imitateur et se plaît, de temps à autre dans la nature, à travestir sa voix pour répondre à d'autres espèces animales. Capturé très jeune, il s'apprivoise et apprend d'ailleurs à "parler" facilement. Certains, pour activer cette "éducation" n'hésitent pas à lui sectionner le filet de la langue... On trouve ce bel oiseau noir luisant partout où il y a des cultures. Un peu plus petit qu'un pigeon, il a le bec et les pattes jaunes, des yeux oranges et le bout des ailes et de la queue blanc. Comme tous les membres de la famille des mainates, il présente sur ses joues une petite excroissance rougeâtre. Une variété rare au cou déplumé, semble porter sur la tête une couronne de plumes plus claires, et se fait appeler du côté de Salazie "le roi Martin".
Monsieur de Buffon le décrivait en 1777, en ces termes :

"Cet oiseau est un destructeur d'insectes, et d'autant plus destructeur qu'il est d'un appétit très glouton : il donne la chasse aux mouches, aux papillons, aux scarabées ; il va comme nos corneilles et nos pies, chercher dans le poil des chevaux, des boeufs et des cochons la vermine qui les tourmente ... Ce sont, à vrai dire, des oiseaux carnassiers. On a vu un de ces oiseaux qui était encore jeune, saisir un rat long de plus de deux pouces, non compris la queue, le battre sans relâche contre le plancher de sa cage, lui briser les os, et réduire tous ses membres à l'état de souplesse et de flexibilité qui convenait à ses vues, puis le prendre par la tête et l'avaler presqu'en un instant".

Collection Ryckebusch

Le martin

Le cardinal

Une colonie de béliers

Le bec rose

A.P.

6 LE CHEMIN DES ANGLAIS

de St Bernard à la Grande Chaloupe et à la Possession

Quand la route de St-Denis à la Possession n'était qu'un chemin, qui eût cependant son heure de gloire.

fiche technique

Longueur : 16,6 km aller
Dénivelé : 450 m
Durée : 4 h ; Saint-Bernard/Grande Chaloupe : 1 h 30, Grande Chaloupe/Possession : 2 h 30
Difficulté : ensoleillement
Période : toute
Equipement : randonnée classique
Point d'eau : Grande Chaloupe
Balisage : néant
Carte IGN 1/25 000 : n° 4401 R

itinéraire d'accès

A 12 km de Saint-Denis. A 33 km de Saint-Paul.

De Saint-Paul, prendre, à la sortie de la Possession, la route de la Montagne (RD 4). Entre le PR 15 et le PR 14, prendre la route à gauche (presque une épingle) ; pas de panneaux : rouler environ 3 km ; arrivé à Saint-Bernard, passer le cimetière ; un peu plus loin, sur la gauche, un petit panneau vous indique "Chemin des Anglais" ; le suivre, traverser un petit cours d'eau ; se garer : le sentier démarre 100 mètres plus loin. De Saint-Denis, prendre la route de la Montagne, passer l'église, vers le PR 8,5 (repère : à gauche une boutique, à droite une station service), prendre à droite, direction Ruisseau Blanc. Suivez les panneaux indiquant Saint-Bernard ; au chemin Commins à gauche, puis à 50 m, chemin Fucéas : à droite : à la fourche qui suit (abri-bus à gauche : passer le stade, sur votre droite, peu après, un

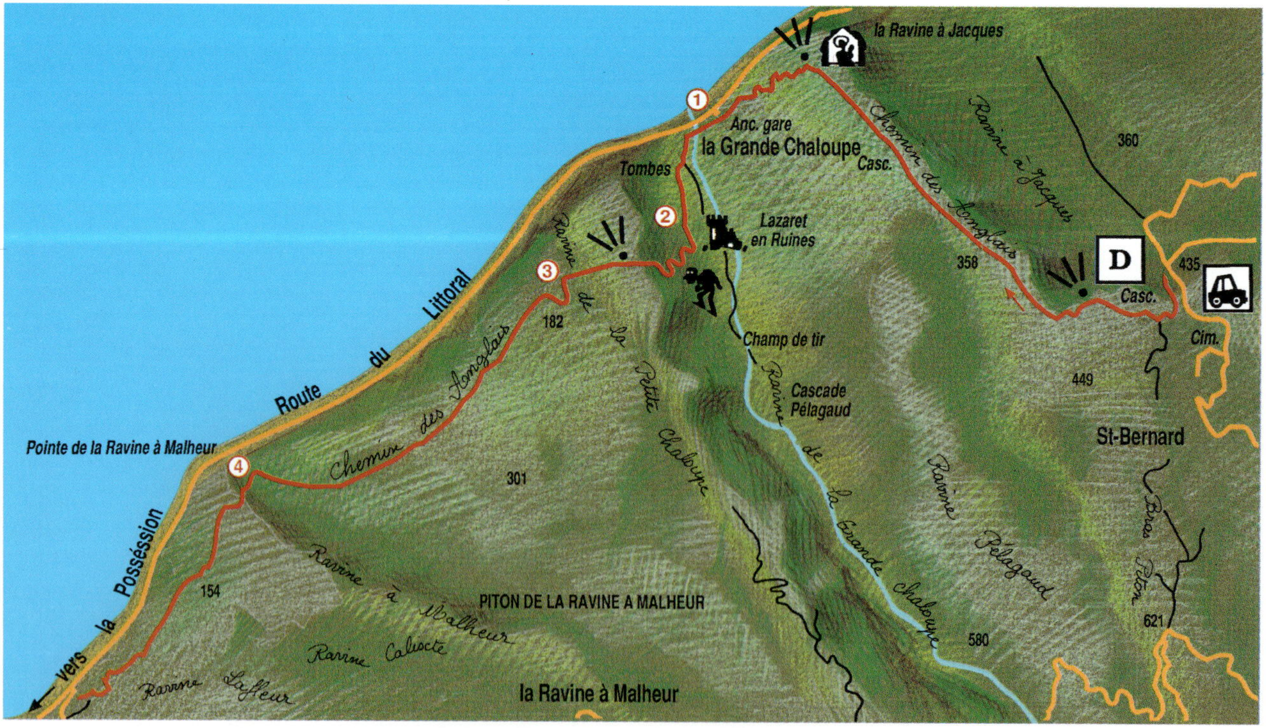

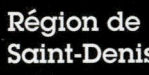
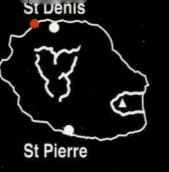
petit panneau vous indique le "Chemin des Anglais". Si vous ne désirez pas faire l'aller et le retour, et si aucune âme compatissante ne vient vous attendre au bout du chemin, sachez que la Montagne et Saint-Bernard sont desservis régulièrement par des bus.

description

Saint-Bernard - Grande Chaloupe : le sentier large et aisé longe au départ la ravine à Jacques. Il est agréablement ombragé par des filaos. Vous y verrez aussi nombre de chocas et à la saison (mai-juin-juillet) vous aurez peut-être la chance de cueillir quelques succulents goyaviers. Une belle échappée, dans l'échancrure de la ravine à Jacques sur la route en corniche et sur l'océan. Concernant cette ravine la légende suivante nous est rapportée par C. Lavaux : "Jacques était un esclave de Saint-Paul ; il était épris d'une fille blanche, et enlevant sa bien-aimée, il s'enfuit dans les hauts de la Possession. Il fut traqué par les détachements lancés à leur poursuite et dut abandonner la jeune fille. Celle-ci subit le fouet en place publique et Jacques désespéré se jeta du haut de la ravine qui porte aujourd'hui son nom". Au bout d'un kilomètre environ le sentier oblique

Une balade historique sur les pavés de M. de Crémont (1775) le long desquels quelques chanceux trouvent encore des trésors rouillés tels que ce pistolet. Depuis le chemin des Anglais le regard plonge régulièrement sur la N1, au bas de la falaise.

J.-M. R.

légèrement et se dirige droit vers l'océan. Il devient alors plus étroit et un peu plus pentu ; mais surtout vous découvrez les premiers pavés (M. De Crémont 1775). Si le pavage est inégal, il est dans l'ensemble fort bien conservé. Même en l'absence de balisage, plus moyen de vous perdre : il vous suffit de suivre le pavage, jusqu'au bout du chemin ! La végétation, typique des bas, se compose de bois noir, café de chine, avocat marron. A terre, entre les pavés, des sensitives (trompe-la-mort), ces petites plantes dont les feuilles se recroquevillent lorsqu'on les touche. Le sentier se rapproche du littoral et juste avant de bifurquer à gauche pour entamer la descente sur la Grande Chaloupe, il offre un point de vue unique : un à pic sur la route en corniche ! Impressionnant ! La descente en lacets permet à l'ombre des tamarins de découvrir d'autres essences : vavangue, bois de gaulette. A remarquer aussi l'empierrement particulièrement soigné dans les virages. Après une heure et demie de marche vous êtes à la Grande Chaloupe ①. Soufflez. Promenez-vous. Visitez la gare restaurée, sans doute la seule "gare théâtre" au monde. La Grande Chaloupe : c'est à son embouchure que débarquèrent les anglais en 1810 et, sur ses bords, on avait installé le lazaret de la Grande Chaloupe où l'on mettait en quarantaine tous les passagers des bateaux porteurs d'épidémies. Sur la route littorale, on voit encore, au lieu dit de la Grande Chaloupe, les vestiges de ce lazaret ②. Cette première partie est aisément faisable en famille.

Grande Chaloupe - Possession : en marche ! On traverse la ravine et dos à la mer, on suit une route empierrée qui mène au départ du sentier, indiqué par un panneau sur la droite, mais le sentier est à peine marqué, mangé par les hautes herbes. Heureusement le pavage de M. De

Crémont permet de ne pas s'égarer. Une barre rocheuse semble interdire l'ascension : rassurez-vous, vous la passerez sans même vous en apercevoir. Comptez cependant une bonne demi-heure, ce n'est pas une sinécure. Profitez de l'ombre que vous offrent les tamarins régulièrement espacés pour souffler. Vue magnifique, en haut, non seulement sur la Grande Chaloupe, l'océan, mais aussi le port, au loin. Le chemin, toujours pavé, souvent herbeux longe la côte, à quelque distance ; un plateau avec des faux airs de savane, descend tout doucement vers la Possession. Vous y rencontrerez surtout à l'approche des ravines, tamarins et vavangues. On franchit d'abord la ravine de la Petite Chaloupe ③, un havre de verdure et de fraîcheur : l'endroit idéal pour une halte. Le chemin se poursuit, presque plat, sans difficulté, dans le silence d'une nature respectée. On arrive à la dernière ravine : la ravine à Malheur ④ qui rappelle une légende, elle aussi rapportée par Catherine Lavaux : "C'était au temps du gouverneur de la Hure, en 1761. Homme brutal il était peu aimé des "colons". Il se faisait transporter toute la journée en manchy, chaise à porteur, à travers l'île ; tous le craignaient. Un matin, il projeta une randonnée à la Possession. Ses porteurs, exténués, avaient décidé de le jeter du haut du rempart, mais un traître l'avertit du complot et à l'endroit désigné, le gouverneur déchargea son mousqueton sur les porteurs tuant le moins agile. Les autres s'enfuirent au fond de cette ravine qui prit le nom de "ravine à Malheur". Bel endroit, encore, pour faire une pause. Le chemin remonte durant 500 m avant de plonger vers la Possession. La pente s'accentue mais les lacets l'adoucissent. Une dernière pensée 200 ans derrière vous pour ceux qui ont réalisé ce revêtement de pavés, et pour tous ceux (Anglais compris) qui l'ont emprunté avant vous...

Quelques points de repère historiques :

1730 Tracé du chemin par M. Dumas
1732 Mise en service du chemin Dumas
1775 Fin du pavage entrepris par M. De Crémont
1810 Utilisation du chemin par les Anglais lors de l'attaque de Saint-Denis

Depuis les tout premiers temps de l'occupation de l'île, la Montagne fut un obstacle. Dès 1667 elle sépara les deux points habités de l'île, Saint-Paul et Saint-Denis. On essaya très vite de la vaincre. Le premier qui voulut rejoindre les deux bourgs fut Hubert de Vauboulon, gouverneur de l'île en 1690. Il émit l'idée de faire tomber des blocs de rochers au pied des falaises pour créer le soubassement d'un chemin. Ce projet fut sans suite mais l'idée fit son chemin et, vingt ans plus tard, la Compagnie des Indes prescrivait de réétudier la question. On voulait faire sauter le haut de la falaise pour former le soubassement. Ce projet irréalisable fut abandonné, on désigna des experts pour contourner l'obstacle par le haut. En 1725 rien n'était fait mais la Compagnie répéta qu'il fallait faire quelque chose soit en "pratiquant un chemin tournant et facile soit par la mine ou autrement". En 1730, deux entrepreneurs s'engagèrent à ouvrir une voie pour que, hommes, chevaux et bêtes de somme puissent y passer. Le chemin ainsi créé devait être amélioré par l'ordonnateur Crémont quarante-quatre ans plus tard. Les pavages existent toujours. C'est ce chemin qu'empruntèrent Bernardin de Saint-Pierre, Bory de Saint-Vincent et les Anglais, lors du débarquement à la Grande Chaloupe en 1810 ; il peut à juste titre conserver le nom de Chemin des Anglais. Cette voie de 18 km fut abandonnée à la Restauration au profit de la route de la Montagne terminée en 1850, mais elle était alors interminable et très fatigante. Le service de diligences l'abandonna. On ne l'employait qu'en cas de tempête, et on lui préférait le service de chaloupes qui reliait Saint-Denis à La Possession. On mettait deux heures en bateau contre cinq par la route de la Montagne ! Mais si la Montagne était peut-être un obstacle aux communications, elle présentait un grand intérêt pour la défense de Saint-Denis et de sa rade. On construisit du temps de Labourdonnais, le fort, les batteries et la poudrière, sur le plateau de la Redoute. Les cânons que l'on trouve dans le virage de la Montagne rappellent cette position défensive. Le plateau de la Redoute est resté célèbre dans les annales de l'île, car il fut le théâtre de la seule bataille qui s'y déroula. Dans la guerre qui opposait l'Angleterre et la France dans l'Océan Indien, les Anglais avaient mené deux coups de main en 1809, l'un à Sainte-Rose en août et l'autre à Saint-Paul en septembre. Mais ils n'avaient pu remporter la victoire définitive. En 1810, ils décida d'en finir avec l'île Bonaparte. Le général Keating, sachant que toutes les défenses de l'île étaient tournées vers la mer, décida d'encercler Saint-Denis en débarquant des hommes à Sainte-Marie et à la Grande Chaloupe. Un premier débarquement eut lieu à la Grande Chaloupe, deux groupes se formèrent, l'un restant en bas pour attendre les gardes nationaux de Saint-Denis, l'autre montant à l'assaut par le chemin de la Montagne (le chemin des Anglais). Ils rencontrèrent les troupes de l'île au plateau de la Redoute et la bataille s'engagea. La garnison française se défendit vaillamment, contre-attaquant sous la direction du capitaine Lautrec. Les Anglais opérèrent alors un second débarquement à la Chaloupe. Inférieurs en nombre, les Français durent accepter la capitulation que signa le colonel de Sainte-Suzanne, alors commandant de l'île (17 juillet 1810). A noter : c'est le colonel de Sainte-Suzanne lui-même, le commandant de l'île, qui ordonna de mettre en état le chemin de M. de Crémont en janvier/février 1809. Tâche menée à bien : en juillet 1810 il était tout-à-fait praticable.

La région de Saint-Denis recèle bien d'autres sites spectaculaires que ceux présentés dans cet ouvrage, tels, ci-dessus, les chutes du Chaudron accessibles directement en voiture à la porte même de la ville. Mais notre ambition se limite à vous faire découvrir les plus merveilleux sites réunionnais dont l'accès réclame un petit effort ; une promenade à pied ô combien appréciée au cœur d'une nature exubérante, sauvage et parfois aride, mais toujours originale. Cette originalité vous la retrouverez, exposée et argumentée de façon intelligente dans les salles trop souvent oubliées des visiteurs, du Muséum d'Histoire Naturelle de Saint-Denis, ci-contre. Nous ne saurons trop vous conseiller d'y passer quelques heures, après une visite pratique à la Maison de la Montagne par exemple, afin de mieux profiter des mille petites découvertes que vous réservent nos itinéraires.

F.F.

J.-M. R.

Ti Train longtemps

"Chemin des Anglais", la "route en corniche", "La Possession/Saint-Denis", comment ces noms peuvent-ils ne pas évoquer cette période que nous qualifierons de glorieuse du chemin de fer réunionnais, celle du train. Transport de voyageurs, de marchandises, formidable machine servant de repère horloger aux ménagères un peu étourdies, engin pouvant être la cause de tous les dangers pour jeunes enfants chargés de garder les troupeaux dans les pâturages du littoral, objet du plus grand intérêt pour journalistes à l'affût du moindre petit ennui mécanique, le "Petit Train Longtemps" a marqué la vie de bon nombre de Réunionnais pendant près de quatre-vingt quinze ans. La bien maigrelette infrastructure routière de la fin du XIXᵉ siècle, tributaire de la configuration même de*l'île, avec ses hautes montagnes quelquefois "surplombant" même la mer, ses larges vallées, ne suffisait pas à acheminer correctement la production sucrière en plein essor à cette période économique faste de la Réunion. Le sucre

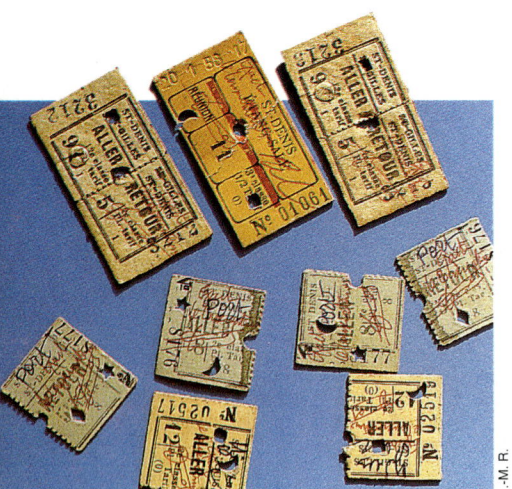

tiré de la canne, culture d'exportation, se devait d'être rapidement transportée des usines de l'est, de l'ouest et du sud aux quais de la rivière des Galets, au Port, aux fins de chargement sur les bateaux en partance pour l'Europe. Le chemin de fer, en vogue en Europe, apparaît tout de suite comme la solution idéale car la plus sûre, la plus rentable et surtout celle qui permet, en plus, le transport de voyageurs. Pourtant tout ne fut pas très simple. Les obstacles politico-économiques étaient évoqués à souhait ; en fait, comme pour toute nouveauté il a fallu tordre le cou à bien des préjugés. Le premier train à circuler à la Réunion fut inauguré en fanfare le 11 février 1882 par le gouverneur Cuinier, en présence de monseigneur Coldefy, et bien d'autres sommités locales. "Le petit train" n'aurait sans doute jamais vu le jour sans l'opiniâtreté, voire l'obsession d'un certain Pallu De La Barrière, homme d'affaires métropolitain. Cette époque a bien sûr coïncidé avec la construction de véritables édifices, tels les ponts et tunnels, qui jalonnent encore aujourd'hui le littoral de Saint-Benoît à Saint-Pierre. Certains ponts comme celui de la Petite ravine, de la ravine des Colimaçons, de la rivière Saint-Etienne sont de véritables oeuvres d'art, entrées désormais dans le patrimoine historique et... culturel de ce département. Le tunnel de la Montagne, entre La Possession et Saint-Denis, long de plus de dix kilomètres fut une véritable prouesse technique pour l'époque, même si la roche s'est laissée travailler facilement ; il fut le troisième au monde par ses dimensions. Il est évident que la sensation des voyageurs, en particulier des enfants, passant de la pleine lumière du soleil à un interminable couloir sombre pendant de longues minutes, entrecoupé d'une centaine de mètres seulement à la Grande Chaloupe, était pour le moins pénible.

Toutefois, le chemin de fer réunionnais s'est pour ainsi dire réellement achevé le 19 juin 1882 avec la livraison du pont métallique de la rivière Saint-Etienne, permettant la jonction avec Saint-Pierre. Il a donc fallu quatre années de gigantesques travaux pour aboutir à un résultat qui a comblé beaucoup de personnes et pas nécessairement les plus fortunées de la colonie. Le développement des techniques, en particulier celle de l'automobile, l'apparition d'engins lourds de transport depuis l'intérieur, ont poussé les décideurs à tracer les routes parallèlement aux rails. L'activité du train s'amenuisait d'année en année, surtout après la deuxième guerre. L'année 1963 marque la cessation de service du train en tant que transporteur de marchandises. Il restera à La Possession et fera la navette jusqu'à Saint-Denis et vice-versa pour l'acheminement des voyageurs. La mise au rencart, après quatre-vingt dix années de bons et loyaux services interviendra en 1976 avec l'ouverture de la route en Corniche qui, elle, n'a pas fini d'être achevée, n'a pas fini de faire des victimes, n'a pas fini d'être "fermée à la circulation" et surtout n'a pas fini d'être emboutéillée. Aujourd'hui, un "petit train longtemps" a été reconstitué et fonctionne à nouveau, à destination de touristes, d'artistes et de scolaires, sous le sceau combien noble d'une association "Ti train longtemps", ayant pour objet la réapparition dans l'île de ce moyen de transport. En tout cas, avec la saturation du réseau routier, le peu de solutions réalistes qui restent, personne ne sourit sincèrement à cette éventualité.

Ce qui reste du train réunionnais : quelques tickets usagers et des photos des années 1900 sortis des archives poussiéreuses familiales, mais aussi bon nombre d'ouvrages d'art tels que tunnels, gares, ponts et viaducs... à retrouver dans le paysage de la côte ouest, depuis St Denis jusqu'à St Pierre.

RÉUNION. - Gare de La Possession

POSTES
RÉUNION
OCÉAN INDIEN
UN CENTIME
1

LA RÉUNION. - La Grande Chaloupe. - Arrêt d'un train entre les deux tunnels

A quelques kilomètres seulement de Saint-Denis mais loin de la chaleur littorale et des bruits citadins, profitez de la fraîcheur de la forêt et découvrez les cirques de Mafate et de Salazie à partir du promontoire de la Roche Ecrite.

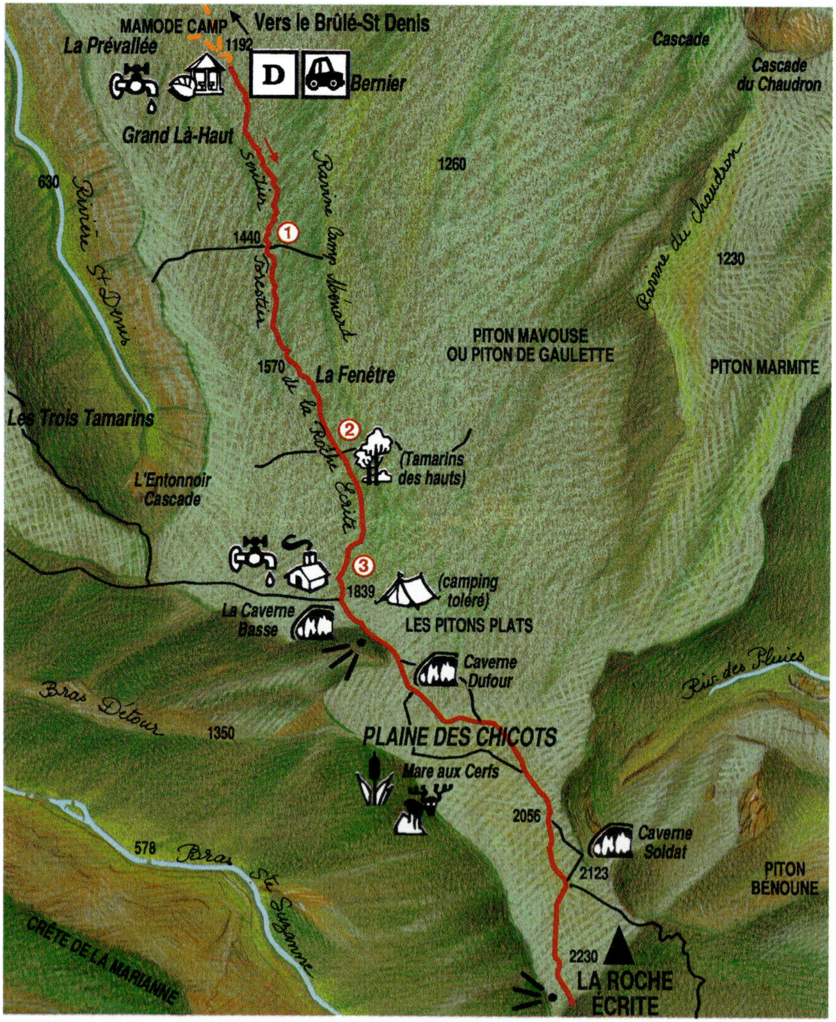

[Carte de randonnée avec les lieux suivants :]

MAMODE CAMP — Vers le Brûlé-St Denis
La Prévallée — 1192
Grand Là-Haut
D — Bernier
Cascade
Cascade du Chaudron
630 — 1260
Ravine St Denis
1440 — ①
Ravine Camp Bernard
sentier
PITON MAVOUSE OU PITON DE GAULETTE
1230
Ravine du Chaudron
1570 — La Fenêtre
PITON MARMITE
Les Trois Tamarins
② (Tamarins des hauts)
L'Entonnoir Cascade
de la Roche Ecrite
③
1839 — (camping toléré)
La Caverne Basse — LES PITONS PLATS
Caverne Dufour
Bras Détour
1350
PLAINE DES CHICOTS
Riv des Pluies
Mare aux Cerfs
578 — Bras St Suzanne
2056 — Caverne Soldat
2123 — PITON BENOUNE
CRETE DE LA MARIANNE
2230 — LA ROCHE ECRITE

L'intérieur de José Bonald, le gardien du Gîte de la Plaine des Chicots. Une rusticité et une tasse de café bien appréciées.

fiche technique

Longueur : 19 km aller-retour
Dénivelé : 910 m
Durée : 7 h
Difficulté : sentier glissant par temps de pluie
Equipement : randonnée classique
Point d'eau : au gîte
Balisage : blanc et rouge puis blanc à partir de la plaine des Chicots
Carte Michelin : N° 75 pli 8
Carte IGN 1/25 000 : n° 4402 R

itinéraire d'accès

A 18 km de Saint-Denis.

A partir de Saint-Denis, prendre la direction de Bellepierre et continuer sur la D 42, direction le Brûlé. Après ce village prendre la route forestière jusqu'au Camp Mamode. Un parking sous les cryptomérias est le point de départ du sentier GR R2. Des panneaux indicateurs donnent des informations sur les durées et les distances.

description

La forêt du Camp Mamode est un lieu privilégié de pique-nique pour les dyonisiens voulant trouver un peu d'air frais dans les hauts de leur ville. C'est aussi le point de départ du sentier qui mène à la Roche Ecrite et à la plaine d'Affouches via la plaine des Chicots. Le sentier (bien indiqué), s'engouffre sous les cryptomérias, conifères à l'allure de sapins. La note de fraîcheur est donnée, on ne quittera le couvert forestier qu'après le gîte de la plaine des Chicots. Au bout de cinq minutes on atteint la lisière des cryptomérias. Quelques bouquets d'azalées balisent cette entrée dans la forêt de bois de couleurs. La pente est douce et l'échauffement se fait progressivement. Brandes* et bois maigres arborent des barbes de Saint-Antoine (usnée barbue). Les fanjans (fougères arborescentes) étalent leurs parasols de verdure qui se détachent sur fond de ciel bleu. Au deuxième kilomètre, on coupe un parefeu et on doit passer un petit portail de bois ①. On progresse en passant de colline en colline en les contournant les unes après les autres. La forêt est encore plus fraîche et l'on peut voir de nombreux mahots (dombeyas), facilement reconnaissables car ils dominent fréquemment les autres arbres. Certains d'entre-deux se couvrent parfois de jolis bouquets de fleurs roses. Ce paysage agréable ne doit toutefois pas faire oublier que l'on est dans une région bien arrosée. Il pleut souvent, le sentier devient glissant, surtout pour le retour, et certains passages se

Depuis la Roche Ecrite, une vue plongeante sur le cirque de Salazie recouvert d'un épais matelas nuageux et un regard, au-delà, sur le Piton des Neiges et, plus loin, sur le sommet de la Fournaise.
Le cyclone Firinga terrassa, sur le chemin de la Plaine des Chicots, ce tamarin des Hauts, en 1989.

J.-M. R.

Une espèce de lichen appelée à la Réunion
"Barbe de St Antoine".

Sur cette carte postale des années 1900 légendée "Plaine des Chicots - La Roche Ecrite", l'expéditeur avait
ajouté cette mention : "Pour y arriver il faut être intrépide marcheur"... Ce n'est plus le cas actuellement, le chemin étant parfaitement entretenu par les services de l'ONF.

transforment alors en bourbiers. Au sortir de la forêt de bois de couleurs, on entre dans celle des tamarins des hauts (acacias endémiques et poussant en altitude). De très vieux spécimens, malheureusement couchés par les cyclones, bordent le sentier. Ces vétérans vivent souvent une seconde jeunesse : certaines de leurs branches se redressent et deviennent de véritables arbres. Au quatrième kilomètre, on laisse à gauche le sentier qui mène à Bois de Nèfles pour continuer tout droit ②. Après encore une vingtaine de minutes, on arrive à la plaine des Chicots. On peut marquer une pause et refaire le plein des gourdes. Un gîte ③, qu'il faut réserver à l'avance, et une aire de camping attendent les randonneurs peu pressés qui remettent au lendemain matin l'ascension de la Roche Ecrite. A partir de ce lieu paisible, on laisse à droite la piste au balisage rouge et blanc qui mène à la plaine d'Affouches (7 km - 2 h 30), pour continuer tout droit en suivant le balisage blanc. Bientôt on quitte la forêt de tamarins pour entrer dans les brandes. Déjà, loin devant et tout en haut, on peut apercevoir la Roche Ecrite, mais le désir d'y arriver ne doit pas empêcher une observation du paysage. En se retournant, on peut en effet apercevoir, si le

Rencontre d'un curieux type vers la plaine des Chicots. (l'ascension en 1900)

"Aux premiers rayons du matin, nous nous remettons en route, car de la région des calumets au sommet de la plaine, il y a dix heures de marche. Il faut, le sabre à la main, s'ouvrir un passage dans un fouillis de calumets d'où on ne sort que pour s'engloutir dans des fougères colossales sous lesquelles on rampe péniblement, en maugréant contre le guide qui vous dit toujours : Encore une montée, la Plaine n'est pas loin... Tout n'est donc pas rose dans le chemin de la Plaine et les incidents imprévus évoquent parfois une pensée grave. Par exemple, ce matin, nous marchions depuis cinq heures, maudissant nos interminables fougères, quand, dans une cavité peu profonde, simulacre informe de caverne, nous avons rencontré brusquement... Quoi ?... un squelette, vraiment ! Dépouille aride d'un homme mort depuis longtemps car ses ossements étaient revêtus d'une mousse verdâtre. Un vieux panier gisait près de lui avec des tessons de bouteilles. Il semblait nous dire : vous voyez, téméraires, qu'on peut, quand on s'égare si loin de tout toit habité, mourir de froid et de faim. Notez bien que le guide venait de nous annoncer tout pantois, qu'il avait perdu la trace de l'ancien chemin... Hé bien ! dans cette conjoncture critique, la vue du squelette, loin de nous abattre, a ravivé notre énergie. Après une heure de lutte acharnée, soudainement, au sortir de la gorge d'un ravin où nous venions d'admirer des arbres énormes nommés tamarins des hauts, et que quatre hommes embrasseraient à peine, nous nous sommes trouvés de plein saut à l'accore de la Plaine des Chicots. La baguette d'une fée n'aurait pas transformé le site d'une manière plus rapide..." Plus de panique en montant vers la Plaine des chicots et la Roche Ecrite, les chemins ont été aménagés depuis pour votre sécurité. les seules rencontres macabres que vous croiserez sont les dépouilles de quelques tamarins des hauts, abattus, comme celui de la page précédente...

temps est beau,, la ville du Port. Il est par contre sage de ne pas trop s'attarder si on veut profiter de la vue au sommet avant que les nuages ne viennent jeter un voile sur les cirques. Après une lente montée sur de larges dalles de lave, et après avoir laissé à gauche le sentier qui mène à Grand Ilet dans le cirque de Salazie, on arrive à la Roche Ecrite. On ne peut pas aller plus loin et les inscriptions sur la roche indiquent que le but est atteint. De ce point de vue, à 2 277 mètres, si le temps est beau, un spectacle grandiose s'offre au randonneur. Muni d'une carte, il peut s'essayer à identifier îlets et pics, crêtes, sommets et ravines, paysages déchiquetés de l'intérieur de l'île. Salazie, Mafate, Cimendef, Anchaing, des noms évocateurs, l'histoire de l'île imprimée dans le relief. Les plus hauts sommets de l'île : piton des Neiges, Gros Morne, Grand Bénare veillent sur ce paysage sauvage. On pourrait rester des heures à admirer un tel paysage mais souvent les conditions météorologiques contraignent le promeneur à un retour plutôt rapide. On se rattrape en faisant un détour par la caverne Soldat, la mare aux Cerfs (point de vue sur Mafate) et la caverne Dufour, sites tous signalés. On retrouvera à chaque fois le sentier principal puis le gîte et le sentier qui ramène au parking.

De tous temps, le point culminant du site fut gratifié du marquage personnel des randonneurs. Il est intéressant de retrouver parmi les centaines d'inscriptions, les messages que nous ont laissé les anciens, tels ceux reproduits au centre sur cette carte postale début de siècle.

Une "mare aux cerfs" signale la présence de cet animal dans les bois privés situés à l'est de ce circuit. Introduit en premier lieu à l'île Maurice en 1664 par quelques tartarins hollandais, le cerf de Java fut ensuite invité à peupler le "Chassé Saint-Hubert", l'unique chassé à gros gibier de la Réunion. Point d'écologie donc ici, l'unique objectif de cette introduction est la recherche du "bois des Hauts" : celui que l'on exhibe fièrement au-dessus de la cheminée... Un quota de 80 têtes par an limite en principe l'hécatombe.

Une retenue d'eau naturelle entourée de remparts verdoyants, un cadre enchanteur pour une promenade facile à faire en famille. Végétation foisonnante, cascades

fiche technique

Longueur : 6 km
Dénivelé : 60 m
Durée : 2 h
Difficulté : néant
Période : toute
Equipement : randonnée légère
Point d'eau : néant
Balisage : panneaux indicateurs
Carte IGN 1/25 000 : n° 4406 R

itinéraire d'accès

A 53 km de Saint-Denis. A 10 km de Saint-Benoît.

De Saint-Benoît, prendre la RN3, vers la plaine des Palmistes. Après le château d'eau "La Citerne" et 7 km après Saint-Benoît, s'engager à droite sur un chemin bétonné situé dans un virage bordé de platanes. Plusieurs panneaux indicateurs y sont implantés : ULM, table d'hôtes,

Grand Etang. Ce chemin du Grand Etang longe dans un premier temps des champs de cannes puis s'enfonce dans les raisins marrons*, les goyaviers et les fougères arborescentes. Au bout de trois kilomètres, se situent une aire de repos avec kiosques et un parking. Y garer son véhicule.

description

Le chemin, long de mille deux cents mètres menant au Grand Etang débute au fond et à droite de l'aire de repos. Bordé de goyaviers, de fougères arborescentes et de jamrosats*, il grimpe sur le flanc du puy de l'Etang en dessinant quelques courbes. C'est un cône adventif qui serait à l'origine de la formation du Grand-Etang : une coulée de lave issue de ce puy a formé un barrage dans la vallée du torrent. Dans le sous-bois poussent des bois de noël, arbustes aimant l'humidité et portant des grappes de fruits rouge vif non comestibles. Les troncs sont moussus et les arbres portent de nombreuses épiphytes, la région étant très humide. On remarque aussi le long du chemin des touffes de grains de job et des cascavels. Les graines blanches des grains de job sont utilisés dans la confection de colliers. Ces deux herbes ont mauvaise réputation, on dit qu'elles portent malheur. En haut de la petite côte, on arrive à la hauteur d'un kiosque, légèrement surélevé par rapport au chemin ①. Un sentier part sur la droite à cet endroit et mène vers un point de vue sur l'étang, se situant juste à l'aplomb d'une ligne haute tension. On revient sur ses pas, jusqu'au kiosque, et on retrouve le chemin de l'étang. A environ deux cents mètres, dans une courbe à droite, on remarquera sur la gauche un sentier, celui par

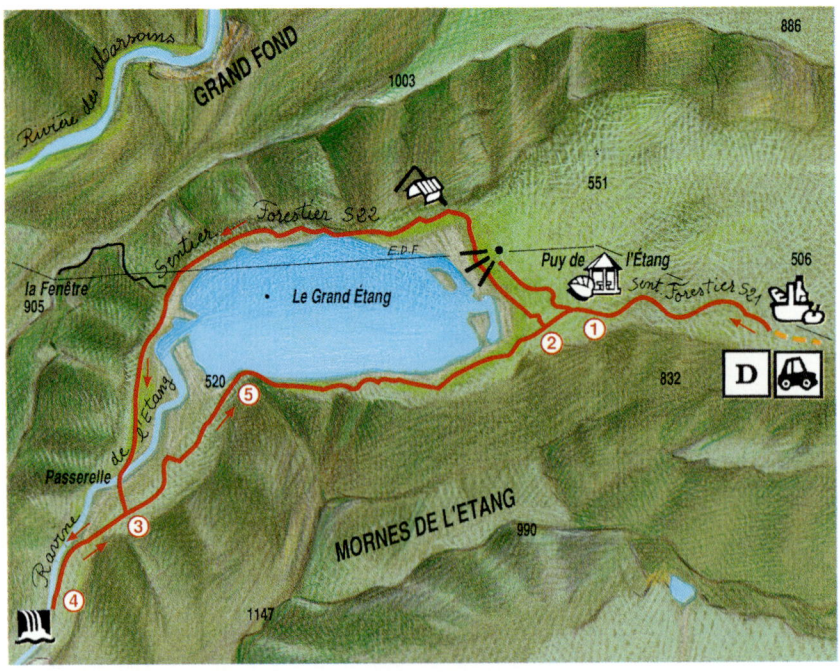

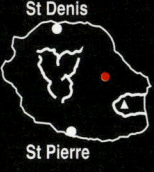

Andéres

lequel on reviendra après avoir fait le tour du plan d'eau, mais on ne quitte pas le chemin ②. Celui-ci, bordé de mûriers sauvages et de fougères, passe, au bout d'une dizaine de minutes depuis le kiosque précédent, devant un abri ouvert. De nombreux bancs jalonnent le parcours et attendent le promeneur qui désire jouir tranquillement du paysage. Cette partie du parcours, toujours très humide, est parfois submergée quand le niveau de l'étang monte (il peut même arriver qu'on ait à rebrousser chemin). Le chemin est resserré entre l'étang à gauche et un versant abrupt à droite. Au bout d'une demi-heure à partir de l'abri ouvert, on arrive à la hauteur d'un sentier qui va à l'assaut du versant. Ce sentier permet d'avoir une vue fantastique sur l'étang mais il est extrêmement difficile et vertigineux (un dénivelé de 500 mètres sur une longueur de un kilomètre). Seuls les marcheurs sportifs et confirmés pourront l'emprunter. Il est donc préférable de continuer sur le chemin qui va bientôt se transformer en sentier. On franchit ensuite la ravine du Grand Etang sur une passerelle et on arrive à une intersection ③. Deux possibilités s'offrent alors au randonneur : prendre à droite et se rendre aux cascades du Bras d'Annette ou prendre à gauche pour boucler tout de suite le circuit. Le sentier qui mène au Bras d'Annette est toujours très humide, souvent boueux mais ne présente pas de difficultés. Le bruit des chutes d'eau se fait de plus en plus proche et on atteint les cascades ④ en une vingtaine de minutes à partir de l'intersection. Le site est très beau, l'eau tombe en cascades blanches d'une paroi en forme d'arc de cercle et va alimenter l'étang. On y resterait des heures. Le retour se fait par le même chemin et à l'intersection ③, on continue tout droit. Le sentier longe l'étang et

Le Grand Etang. Les fruits de l'Ardisia crenata, appelé "grain de Noël" à la Réunion. L'élégance de l'Arum ou "Cornet blanc", deux plantes communes mais non endémiques puisqu'originaires d'Afrique du sud et de l'Extrême Orient.

passe dans les fougères. Il se rapproche d'un éperon où il faut marcher sur les galets ⑤. En période de crue, le niveau de l'eau peut contraindre à un passage plus éloigné, en amont, auquel cas, on doit emprunter des échelles. A partir de cet éperon le sentier s'élar-git et passe sous les jamrosats*. Les branches se croisent et forment un tunnel, l'ombre y est agréable et la progression aisée. Le sentier débouche dans les fougères et l'on rejoint le chemin de l'aller ②. On prend à droite et on repasse à côté du kiosque avant de retourner au parking.

Trois idées de sorties dominicales : dans le lit des grandes rivières de l'Est, trois sites d'accès facile invitant au pique-nique et à la baignade ; trois havre de fraîcheur où les eaux vives chantent dans une nature exubérante.

1 /Bassin La Paix
2 /Bassin La Mer

fiche technique

Longueur : 1/ 500 m. AR - 2/ 4 km AR
Dénivelé : 1/ 30m. 2/ 100m.
Durée : 1/ 10 mn AR - 2/ 1h15 AR
Période : toute
Difficulté : néant
Equipement : randonnée légère, maillot de bain
Point d'eau : néant
Balisage : panneau indicateur au début et à la fin du sentier, panneaux de l'ONF
Carte IGN 1/25000 : n° 4403 R

itinéraire d'accès

A 8 km de Bras Panon. A 45 km de Saint-Denis.

En venant de Saint-Denis par la RN2, dépasser la ville de Bras-Panon. Après avoir franchi le pont de la rivière des Roches, prendre la première route à droite. Le chemin la Paix est très bien indiqué (présence de panneaux indicateurs : "Site Touristique de la Paix", à l'intersection). Suivre la route qui traverse un hameau (Beau Vallon). Au bout du village, tourner à droite et suivre le chemin qui s'enfonce alors dans les champs de cannes. Trois kilomètres plus loin, elle pénètre dans une vallée verdoyante et arrive à

un parking juste avant un petit pont. Garer là votre véhicule.

description

Bassin la Paix : on traverse le pont qui enjambe la Rivière des Roches - un véritable torrent - et l'on trouve le sentier à droite, juste

après le pont. Après l'aire de pique-nique, on franchit un ponceau et une cinquantaine de mètres plus loin, on a le choix : à gauche un point de vue surplombant le bassin, tout droit, des marches bétonnées descendant jusqu'au bord du bassin. Creusé dans le basalte par l'érosion due aux eaux de la rivière, le bassin a la forme d'un chaudron où se jettent inlassablement les longs filets blancs d'une belle cascade. L'eau fraîche et claire reflète, à sa surface survolée par quelques oiseaux et libellules à la recherche d'insectes, la végétation verte qui le borde. Végétation composée de jamrosats*, de bam-

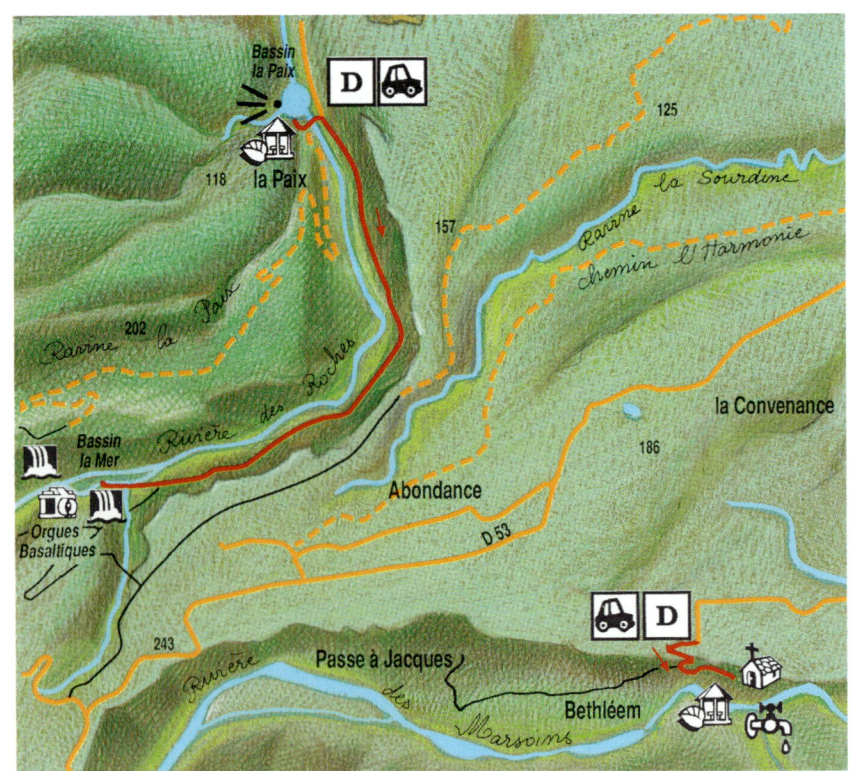

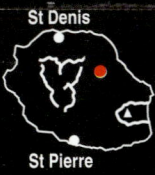

Région de Saint-Benoît

bous, de fougères accrochés aux falaises et aussi de quelques manguiers. On peut admirer la formation "prismatique" du basalte dans la faille et des blocs éclatés au pied de la cascade. La fraîcheur et la paix qui habitent le site invitent à une pause prolongée et pourquoi pas à la baignade.

Bassin la Mer : du parking du bassin la Paix, sans franchir le pont, on prend le chemin de terre qui remonte la rive droite de la rivière des Roches, après avoir franchi un portail métallique. Après une dizaine de minutes, le chemin quitte les cannes et s'enfonce sous une voûte de jamrosats. Peu après être passé sous une ligne à haute tension après une descente raide, on arrive au lit de la rivière des Roches. Le bassin la Mer se trouve en amont de la fin du sentier. En aval, le "Trois bassins" étale ses eaux à vos pieds. Le bassin de la Mer est alimenté par deux cascades provenant l'une du Grand-Bras et l'autre de la rivière des Roches. Il faut se rendre sur la rive opposée afin d'admirer le site dans son ensemble, le bassin et ses deux cascades. La végétation, composée essentiellement de jamrosats, coiffe les murailles basaltiques couronnées par endroits de ravenales (arbres du voyageur). Sur le trajet on peut rencontrer quelques oiseaux : cardinaux, becs roses, martins ou même des paille-en-queue nichant dans les falaises. Il est possible d'admirer quelques vestiges géologiques créés par les coulées volcaniques : grottes, strates et orgues. On peut se laisser bercer par le bruissement des cascades, ou se laisser tenter par une baignade vivifiante. Pour revenir au parking, on fait le chemin inverse.

Un des quatre geckos diurnes de la Réunion (voir encadré "les reptiles", page 21).
Le Bassin La Paix actuel, et sa représentation animée d'après croquis de M. Patu de Rosemond au siècle dernier.

A.P.

La bibe et sa mue.

La bibe
Nephila inaurata

Cette grande araignée jaune et noire à l'abdomen doré et aux longues pattes peut impressionner au détour d'un chemin près du littoral comme en altitude, elle est pourtant inoffensive pour l'homme. C'est la femelle, cette fois, le plus bel élément du couple. Elle tisse une immense toile dorée assez solide pour retenir quelques temps le vol d'un oiseau. Sur les sentiers, le soleil matinal transforme parfois cette toile en véritable objet d'art, en illuminant chacune des perles de rosée que tout artiste rêverait d'avoir enfilées lui-même sur cette œuvre magique. Une sous-espèce à l'abdomen noir (Nephila Nigra) tisse, quant à elle, une toile blanche. A Madagascar ces deux araignées furent autrefois élevées pour cette soie dont on faisait d'admirables tissus.

A.P.

De nouveaux prédateurs causent des ravages dans la population des Tangues : les pneus de voitures.

Le Tangue
Tenrec ecaudatus

Semblable au hérisson européen, sans avoir quant à lui la capacité de se mettre en boule, le tangue creuse en mai-juin un terrier dans lequel il reste enterré durant la saison fraîche et sèche. Il repointe le bout de son nez dans les bois en septembre-octobre. Sa chasse est permise en été pendant deux mois mais il est en fait braconné toute l'année à l'aide de chiens. C'est grâce à son extrême fécondité que le "cari-tangue" n'a pas encore eu raison de lui.

Bethléem

fiche technique

Longueur : 1,4 km aller-retour
Dénivelé : 60 mètres
Durée : 30 mn aller-retour
Période : toute
Difficulté : néant
Equipement : randonnée légère, maillot de bain
Point d'eau : Bethléem (robinets sur l'aire de pique-nique)
Balisage : panneau indicateur et croix blanches
Carte IGN 1/25000 : n° 4403 R et 4406 R

itinéraire d'accès

A 48 km de Saint-Denis. A 7 km de Saint-Benoît. Venant de Saint-Denis par la RN2, 1,500 km après la rivière des Roches, prendre à droite, la RD 53 vers Takamaka ; à 2 km dans une ligne droite, à l'intersection, près d'une école, tourner à gauche. Un panneau indique la direction

Bethléem. Traverser le petit hameau et continuer tout droit au milieu des champs de canne à sucre. Au bout de la route se trouve le parking de l'Ilet de Bethléem. Garer la voiture.

description

Le sentier part sur la droite du parking. Un panneau indique "Bethléem : 700 m". Le sentier serpente à flanc de rempart. En guise de balisage, on peut suivre les croix blanches qui marquent autant de stations d'un chemin de croix. Il est aisé, agréable et descend en pente régulière offrant de jolies vues d'ensemble sur la vallée de la rivière des Marsouins dans le bruissement des bambous jusqu'au site de Bethléem, quinze minutes durant. A cet endroit sont implantés une aire de pique-nique et un gîte de groupe entouré d'arbres fruitiers, principalement des longanis. A quelques mètres, près de la rive, une chapelle brave le temps et les intempéries. De nombreux petits sentiers mènent dans le lit de la rivière des Marsouins où plusieurs bassins s'étirent en face d'une plage de galets : difficile de résister à leur attrait. Souvent des pêcheurs traquent les derniers "bouche-rondes", loches, camarons et crevettes qui tentent de repeupler cette eau fraîche, claire et vive. Les rives sont recouvertes de longanis, letchis, bambous et quelques survivants de ce qui fut la forêt primaire. Le lieu, idéal pour la détente et pour évacuer le stress de la ville est très fréquenté par les pique-niqueurs, amateurs de solitude, évitez de vous y rendre le dimanche ! Pour regagner la voiture, on remonte le sentier jusqu'au parking. NB : réservation du gîte à la mairie de Saint-Benoît.

De l'eau toujours de l'eau : trois des multiples rebonds de la rivière des Marsouins entre Bébour et Takamaka (balade suivante). Le "Démodocus", un splendide papillon d'origine malgache parfaitement à son aise le long des rivières réunionnaises (lire l'histoire rebondissante de son introduction page 78).

J.-M. R.

Ce site doit être lié dans l'esprit de chacun, non à l'arbre dont il a pris le nom et qui pousse dans les bas, mais plutôt au record mondial de pluviométrie (avec plus de 6 m dans une année), que détient cette région... La végétation luxuriante de la forêt de Bébour, liée aux paysages grandioses de cette partie de l'île, fera vite oublier la boue et les quelques difficultés du parcours.

Un téléphérique reliant Takamara 1 et 2 surplombe la rivière des Marsouins.

fiche technique

Longueur : 6 km aller
Dénivelé : 600 m
Durée : 4 h aller (prévoir récupération à Takamaka 1, au bout de la RD 53)
Période : éviter la saison des pluies
Difficulté : sentier boueux et escarpé ; déconseillé aux personnes sujettes au vertige
Equipement : randonnée classique, vêtements de pluie, un coupe-coupe

Point d'eau : néant
Balisage : néant
Carte IGN 1/25000 : n° 4405 R et 4408 R

itinéraire d'accès

A 78 km de Saint-Denis. A 37 km de Saint-Benoît.

A la plaine des Palmistes, quitter la RN 3 pour prendre la RD 55 (route de la petite plaine) puis la route forestière Bébour-Bélouve (RF 2). Passer le col de Bébour (1 410 m). Au bout de 9,6 km sur la RF 2, peu après le pont de la rivière des Marsouins, à la sortie d'un grand virage à droite, prendre la piste en scories qui

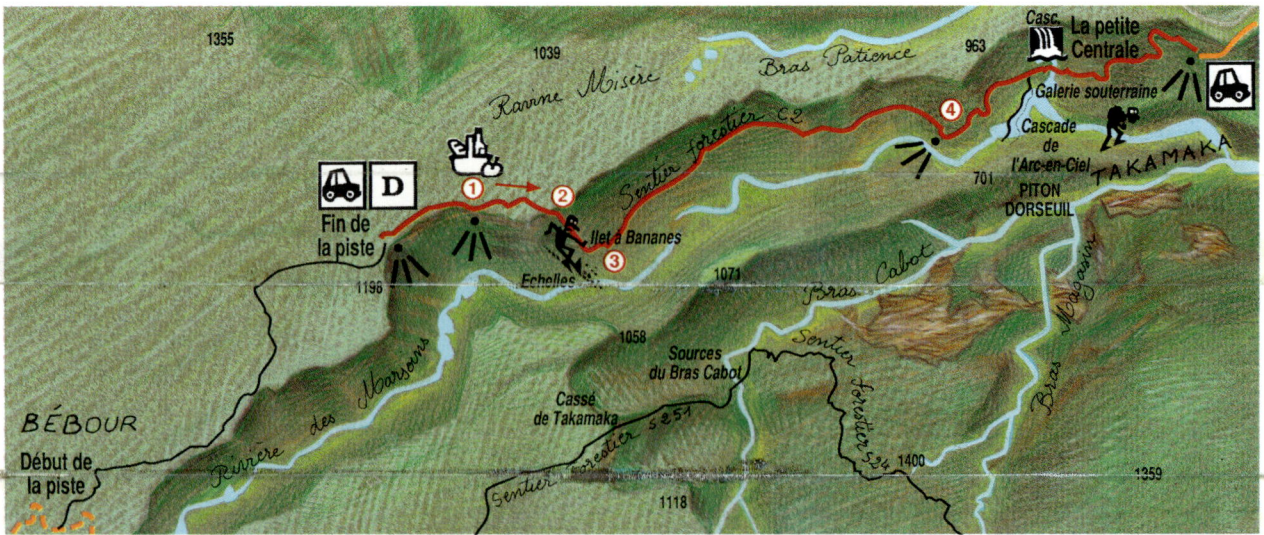

part sur la droite. Cette piste, encore carrossable, mène, au bout de trois kilomètres, à une plateforme.

description

La plateforme sur laquelle on se trouve a servi de "camp de base", lors de la construction de la deuxième centrale hydro-électrique de la région. On y voit encore quelques bâtiments et un téléphérique, seuls signes que ce lieu fut, pendant les travaux, une fourmilière affairée. Ce site offre un premier point de vue sur les gorges de la rivière des Marsouins avec ses remparts, cascades, bassins et, comme sertis dans le lit de la rivière, le barrage et la centrale de Takamaka 2. Le sentier débute tout au fond de la plateforme, à gauche, par un escalier, aux marches bordées de troncs de cryptomérias, et pénètre immédiatement dans la forêt. Le spectacle qu'offre cette forêt, ce foisonnement d'essences, cette exubérance de verdure, joint au plaisir des oreilles procuré par le cri de nombreux oiseaux (merles, z'oiseaux la vierge, tec-tecs) fait oublier les quelques désagréments du sentier. Très vite, on ne baissera plus les yeux que pour éviter les racines les plus traîtresses, et c'est très volontiers que l'on pataugera à souhait dans les flaques d'eau ou de boue (qu'on se sera escrimé en vain à éviter dans un premier temps dans l'espoir fou de garder les pieds au sec jusqu'au bout). Au bout de dix minutes, on arrive à un point de vue ①, à côté d'un coin pique-nique. Le panorama, bien dégagé, permet d'admirer les gorges de la rivière des Marsouins mais aussi celles du Bras Chansons et

L'angoissant bout du monde que constituent Bebour et Takamaka est orné de curieuses fougères arborescentes sorties tout droit de la Préhistoire. On les appelle à la Réunion des "Fanjans". Fanjan mâle ou fanjan femelle ? (lire encadré page suivante).

J.-M.R.

Les feuilles naissantes de la fougère arborescente se déploient au-dessus des chemins en déroulant leurs spirales veloutées appelées "Crosses l'évêque".

Les fanjans

C'est le nom local donné aux trois espèces de fougères arborescentes présentes sur l'île. On les repère facilement de loin, grâce à leurs frondaisons particulières qui dessinent des panaches en forme de parapluie au-dessus de la strate arborée, généralement peu élevée, de la forêt humide des bois de couleurs des hauts, leur terrain d'élection. Des trois espèces, deux sont qualifiées de "femelles" par les gens du cru, car elles donnent, à la base de leurs tiges, une sorte de chevelure composée d'un lacis serré de racines aériennes qui peut atteindre deux mètres de haut et plus. De cette matière, on extrait des fanjans, c'est-à-dire des plaques ou des pots qui sont idéaux pour la culture des fleurs en général, des épiphytes en particulier et plus spécialement des orchidées. Cela tient au fait que le fanjan est une matière aérée : il n'emprisonne pas l'eau tout en conservant suffisamment d'humidité et il autorise la pénétration des racines. Comment les reconnaître ? Cyathea borbonica : le "mâle". Il est le seul à posséder des feuilles au limbe bipenné (divisé deux fois). Il ne donne pas suffisamment de matière à fanjan. Cyathea glauca : une des "femelles", reconnaissable à ses feuilles au limbe tripenné (divisé trois fois) et au fait que ses nervures sont recouvertes d'une sorte de poudre rousse. Cyathea excelsa : l'autre "femelle", reconnaissable à ses feuilles au limbe tripenné aussi, mais aux nervures recouvertes d'une poudre plus claire. C'est aussi la seule des trois espèces à pouvoir être cultivée dans les jardins des bas, pour peu qu'elle trouve son compte d'humidité.

du Bras Cabot. Un quart d'heure encore de sentier presque plat et les choses sérieuses commencent : la descente à pic ② dans la rivière des Marsouins. A pic, au point que les arbres qui composent le couvert végétal du rempart, sont obligés de lancer leur tronc à l'horizontale. Cette configuration particulière en ferait un endroit idéal pour l'étude rapprochée et détaillée des feuilles, des fleurs et des fruits, inaccessibles en général ailleurs. Mais, curieusement, c'est aux racines qu'on s'intéresse ici, car loin d'être les traîtresses qu'on maudissait à l'envi sur le plateau, on bénit au contraire leur présence. Elles constituent, en effet, autant de prise pour les mains et les pieds, dans ce terrain vertical, et jouent merveilleusement le rôle de barreaux d'échelle. Des échelles, on en comptera une vingtaine que l'on est bien content de trouver là ! En fait, seules les personnes sujettes au vertige trouveront ce tronçon vraiment désagréable, d'autant que la descente ne durera pas plus de trois quarts d'heure. En bas c'est l'îlet à Bananes ③, jadis habité et exploité, aujourd'hui envahi par les hautes herbes folles, le raisin marron* et les goyaviers, deux pestes végétales très "attachantes", bien qu'à des degrés divers : l'une dont les fruits succulents vous retiennent d'agréable façon, le goyavier, et l'autre qui vous harponne de ses longues lianes épineuses. D'ailleurs, ce raisin marron* empoisonnera toute la partie suivante de la balade et un coupe-coupe ne sera pas de trop. On a du mal à imaginer à quelle vitesse ces lianes peuvent reprendre possession du sentier. A partir de l'îlet à Bananes le sentier est plat puisqu'il suit pratiquement une courbe de niveau, et court à flanc de falaise, en corniche étroite. Il faudra plus d'une heure pour parvenir au seul passage un peu élargi et pouvant servir d'aire de pique-nique. On le trouve sur une petite plateforme ④ équipée d'un relais pour le téléphérique reliant Takamaka 1 et 2. Cet endroit constitue par ailleurs un magnifique point de vue sur toute la rivière des Marsouins, d'un Takamaka à l'autre. De là, des yeux perçants repéreront une cabine se balançant mollement au-dessus du vide. Après ce relais, on laisse sur la droite un sentier qui débute par une échelle et qui descend vers le barrage. Plus loin, depuis une passerelle métallique, on peut admirer une cascade aux embruns des plus rafraîchissants. Le dernier tronçon consiste en une franche montée d'une demi-heure (ou plus assuré-

La forêt primaire de Bébour

La forêt de Bébour est toujours citée en exemple lorsque l'on parle de forêts de bois de couleurs des hauts. C'est une forêt typique : on la trouve de nos jours telle qu'elle devait être, ou presque, il y a trois siècles. Elle est constituée de plusieurs espèces dont aucune ne prédomine vraiment, pas plus les essences des hauts proprement dites (mahots, catafailles, mapous...) que celles des bas qui s'y trouvent intimement mêlées (bois maigre, goyave marron, tan rouge...) sans compter les fougères arborescentes dont la taille dépasse souvent celle des arbres. Les troncs sont ramifiés à l'extrême et les nombreuses branches presque entièrement recouvertes d'épiphytes divers : mousses, fougères, orchidées. Qui ne se souvient de ces marchands qui passaient en camionnettes, pratiquant le porte à porte, pour vendre aux gens des bas des produits enlevés à la forêt de Bébour (strictement interdit !).

ment si c'est la période des goyaviers !) avant d'atteindre un dernier palier qui mène de plain-pied sur la plateforme de Takamaka 1 où attendent les véhicules de récupération. De ce site privilégié, en se retournant on peut refaire des yeux, le parcours accompli. On peut descendre l'escalier qui mène à la centrale proprement dite, comme ça juste pour le sport ! (N'oublions pas qu'il faudra remonter ces 250 m de dénivelé !).

Promenade au cœur de la forêt de bois de couleurs des Hauts. La fleur du bringellier ou "tabac marron" (Solanum auriculatum), une "peste végétale" qui a envahi les talus depuis son introduction à la Réunion. Les feuilles, épaisses comme des gants de toilettes, offrent l'intérêt pratique, lors des pique-niques, de dégraisser aussi parfaitement que du produit de vaisselle.

J.-M. R.

Heureux passage dans un village pittoresque. La restauration de l'habitat selon l'architecture originelle de l'époque coloniale est particulièrement réussie. Une balade en direction d'un plateau sur lequel l'imposant Piton des Neiges trône majestueusement, dominant la vallée de la rivière du Mât. Une occasion de toucher à l'eau d'une source thermale avant de côtoyer les vestiges d'anciens établissements de bains.

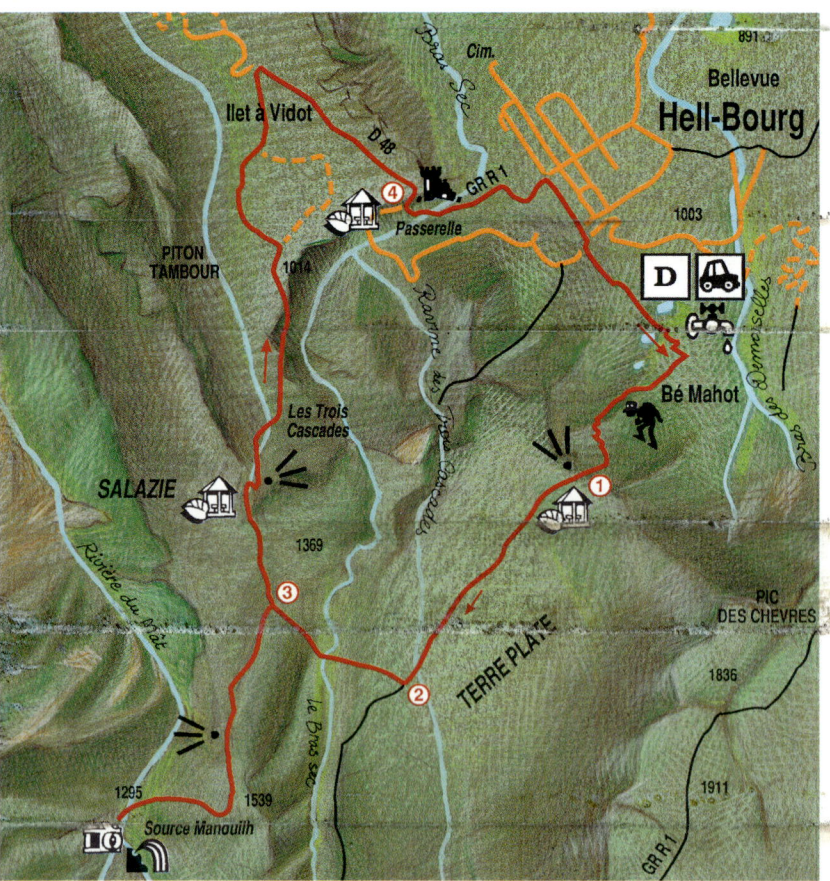

fiche technique

Longueur : 9 km
Dénivelé : 600 m
Durée : 4 heures
Difficulté : aucune
Période : toute
Equipement : rando légère
Point d'eau : néant
Balisage : jaune et rouge (GR RI vers le Cap Anglais), blanc, rien (vers la source Manouilh), rouge et blanc (GR RI à partir de l'Ilet à Vidot)
Carte Michelin : N° 75 pli 8
Carte IGN 1/25 000 : n° 4405 R

itinéraire d'accès

A 55 km de Saint-Denis. A 28 km de Saint-André.

En venant de Saint-Denis après les sorties pour Saint-André, quitter la RN 2 et prendre la direction de la rivière du Mât et de Salazie. Prendre ensuite la RD 48 en direction de Salazie. Après la traversée de ce village, prendre la direction d'Hell-Bourg. A l'entrée du village, passer la mairie annexe (présence d'une cabine téléphonique) et continuer tout droit. La route rencontre plusieurs rues perpendiculaires. Prendre la dernière à gauche. Remonter cette rue et tourner à droite vers le centre piscicole (truites) et le stade et garer là sa voiture. Le sentier débute au fond du stade par quelques marches en béton.

description

Le sentier grimpe à travers les filaos, les longoses et les goyaviers. Au bout de quinze minutes, à une première bifurcation, on continue

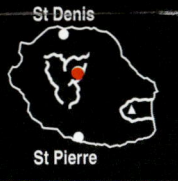

tout droit. Le sentier offre plusieurs jolis points de vue sur le village d'Hell-Bourg. On grimpe progressivement et les mollets sont bien sollicités. Après une série de lacets, on atteint le plateau de Terre Plate, planté de cryptomérias (une demi-heure de marche environ depuis le début du sentier) ①. Un kiosque invite à la pause et à quelques mètres, depuis un belvédère, on découvre Hell-Bourg et une bonne partie du cirque de Salazie. Le sentier, en faux plat, agréable et verdoyant, continue dans la forêt de cryptomérias. La progression est aisée. Au bout de vingt minutes, on arrive à un embranchement ② et on tourne à droite en direction de la source Manouilh et de l'Ilet à Vidot, laissant sur la gauche le sentier qui mène au Cap Anglais. Peu après cette bifurcation, on franchit deux petites ravines et quelques minutes plus tard, on rencontre un nouvel embranchement ③. Pour aller à la source Manouilh, on prend à gauche (le sentier de droite, vers l'Ilet à Vidot, sera l'itinéraire de retour). La montée vers les sources, assez raide, débute par des marches taillées dans la terre et fixées par des rondins. Bientôt le sentier longe un rempart puis descend en direction de la rivière du Mât sous le couvert d'une belle forêt de bois de couleurs. En arrivant au cours d'eau, on découvre quelques cascades. La source Manouilh se trouve sur le versant opposé, difficilement repérable de cet endroit. On traverse la rivière à gué et une petite escalade permet d'atteindre une

F.F.

Une des nombreuses chutes et cascades de la rivière du Mât et de Terre Plate. La source Manouilh aux eaux tièdes et aux concrétions rougeâtres.

plate-forme. La source est là, juste en face, petite niche creusée dans la falaise. L'eau est tiède, on est tenté de la goûter. Elle est légèrement piquante, pas très agréable. Des concrétions descendent du plafond de la niche. Peut-on appeler stalactites ces concrétions qui se forment sur des brindilles, des feuilles ou des racines aériennes ? L'eau claire dégouline des parois aussi rougeâtres que le fond de la vasque dans laquelle elle parvient. A quelques mètres, sur la gauche, on peut voir une deuxième source, moins importante. Entre les deux on patauge dans une couleur rouge orangé qui se cache sous le vert de l'herbe. Le retour se fait par le même chemin, jusqu'à la bifurcation ③ où on continuera tout droit, laissant à droite le sentier, emprunté à l'aller et qui ramène à Hell-Bourg par Terre Plate. On se dirige alors vers l'Ilet à Vidot. A une dizaine de minutes de la bifurcation, on arrive à un kiosque. On peut alors profiter d'une autre vue sur le cirque du Salazie. A partir de là, le sentier descend sur le village que l'on atteint en une trentaine de minutes. Dès les premières maisons, le sentier se transforme en une piste puis en une route goudronnée. A chacune des deux premières bifurcations, on prend à gauche. On arrive enfin à la RD 48 qui se trouve être aussi à cet endroit le GR R1. On tourne alors à droite, direction Hell-Bourg. Au bout d'un kilomètre environ, après un virage à droite bien marqué, on remarque une touffe de bambous, seul indice qui permet de ne pas rater la piste (toujours le GR R1) qui descend sur la gauche ④. Après un kiosque, la piste se transforme en un sentier qui mène rapidement à une ravine, le Bras Sec, qu'on franchit par une passerelle métallique. Dès qu'on atteint la rive droite, on se trouve sur ce qui fut les thermes

---

Le combat à mort de Maham ou le cimetière des marrons

Un texte de la fin du siècle passé, signé Héry, raconte les faits sanglants qui semèrent l'épouvante un siècle plus tôt au cœur du cirque de Salazie, sur le lieu-dit La Roche-à-Vidot.

"Du temps que les grands marrons infestaient l'île, ils formaient sur les Salazes des peuplades qui obéissaient à différents chefs. L'un d'eux, le redouté Maham, avait sous ses ordres 50 hommes. Un chef voisin, qui en comptait autant, vint lui proposer de réunir les deux bandes sur lesquelles ils règneraient conjointement. L'alliance fut conclue, mais la férocité de Maham l'avait rendu odieux à ses sujets. Quelques jours auparavant, ayant à se plaindre de la désobéissance d'un malgache et de sa femme, il les avait liés sur un bûcher, transpercés à coups de sagaies et brûlés ensuite dans la caverne qui leur servait de repaire. Le nouveau chef gagna donc bientôt toutes les sympathies et Maham s'aperçut tard qu'au lieu d'un collègue, il venait de se donner un maître. Un matin, il rassemble ses cent marrons, leur ordonne de cerner toutes les issues de la caverne de son rival, et s'élance la hache à la main : "Nos gens ne veulent plus qu'un chef, lui cria-t-il avec rage, hé bien ! ils n'en auront plus qu'un, celui qui survivra, car l'un de nous deux doit mourir ici". Le rival de Maham, aussi résolu que lui, accepte vaillamment ce duel à mort. Les deux champions se battent avec fureur pendant les deux tiers de la journée. Enfin le nouveau chef donne des signes d'affaiblissement : ses coups se raidissent, sa respiration halète, il va succomber... Au moment où l'implacable Maham, bondissant comme un chacal, allait lui porter un coup mortel, une voix saccadée par la terreur, s'écrit : Maham, le détachement derrière toi ! toutes les voix répètent : Maham, tourne la tête, un fusil te couche en joue !... Maham se détourne et soudain son rival (grâce à cette ruse de guerre imaginée par les marrons pour perdre le vieux chef), le traverse de sa sagaie et l'étend mort à ses pieds...On rendit à Maham mort les honneurs qu'on ne voulait pas lui concéder pendant sa vie. On inhuma son corps dans une vaste grotte avec les cérémonies religieuses usitées dans l'Afrique pour les funérailles des grands : on plaça sur une roche à l'entrée de la caverne la coupe du chef, en guise de cippe funéraire, et depuis lors, les marrons firent de cette catacombe le sépulcre de tous leurs compagnons. Dans l'enfoncement le plus reculé, on voit un ossuaire et une pyramide de crânes desséchés. Ce lieu reçut le nom de cimetière des marrons.

---

d'Hell-Bourg ⑤. Le site a été récemment mis en valeur et constitue un lieu de promenade apprécié des touristes. On continue ensuite jusqu'à Hell-Bourg. A l'entrée du village, on prend la première rue à droite au bout de laquelle on laisse le bitume pour continuer tout droit sur un sentier qui ramène sur le stade et au parking en une dizaine de minutes.

Panorama sur Hell-Bourg,
le Piton d'Enchaing et, au-delà,
les crêtes du Cimendef et de la Roche Ecrite.
Une cascade de la rivière du Mât.
La forêt de cryptomérias de Terre Plate.

Un sentier à flanc de falaise qui permet de découvrir Salazie, le cirque le plus verdoyant de l'île, Bélouve : une belle forêt de tamarins des hauts, les ruines d'un ancien téléphérique et un petit musée.

Un "tibondieu", oratoire traditionnel réunionnais

fiche technique

Longueur : 9,6 km aller-retour
Dénivelé : 580 m
Durée : 3 h aller-retour
Difficulté : sentier à flanc de falaise
Période : toute (éviter le gros temps)
Equipement : randonnée légère (bonnes chaussures)
Point d'eau : à l'aire de pique-nique au site touristique de Bélouve (gîte)
Balisage : rouge, blanc
Carte IGN 1/25 000 : n° 4405 R

itinéraire d'accès

A 55 km de Saint-Denis. A 28 km de Saint-André.

En venant de Saint-Denis après les deux sorties pour Saint-André, quitter la RN 2 et prendre la direction de la rivière du Mât et de Salazie. Prendre ensuite la RD 48 en direction de Salazie. Après la traversée de ce village, prendre la direction d'Hell-Bourg. A l'entrée du village, passer la mairie annexe (présence d'une cabine téléphonique) et continuer tout droit. La route rencontre plusieurs rues perpendiculaires. Prendre la dernière à gauche. Remonter cette rue et prendre la 2e à gauche (direction stade et élevage de truites). Continuer sur cette route jusqu'à un petit pont et prendre à gauche juste après. La route traverse une zone de pique-nique et se termine sur un parking. C'est le point de départ du sentier pour Bélouve.

description

Le sentier qui mène à Bélouve fait partie du GR R1. Il quitte le parking par la droite pour se diriger vers la montagne et se faufiler entre des filaos et quelques touffes de bambous, ce qui lui donne une touche exotique. Très vite on quitte les dernières plantations de chouchous et on se retrouve à flanc de montagne. La végétation se compose alors de goyaviers émergeant d'un tapis de vigne marronne. En saison, les fruits rouges sucrés des goyaviers tenteront plus d'un randonneur. Quelques fleurs jaunes agrémentent aussi le passage. Le sentier monte en lacets et petit à petit le cirque de Salazie étale ses atours. Les goyaviers, moins nombreux, accompagnent maintenant les bois de couleurs qui leur font bientôt totalement place. L'amateur de botanique pourra identifier bois maigre et change-écorce, mahots et tan rouges. De temps à autre, au détour d'un virage, un "p'tit bon-dieu" (statuettes sous un petit abri), bien fleuri, indique que le sentier est très fréquenté. La fin du sentier s'annonce par des marches, des filaos et les vestiges d'un ancien téléphérique. Un dernier "p'tit bon dieu" enchâssé dans la roche ①, un passage au milieu des arums et on arrive au site touristique de Bélouve. L'origine malgache de ce

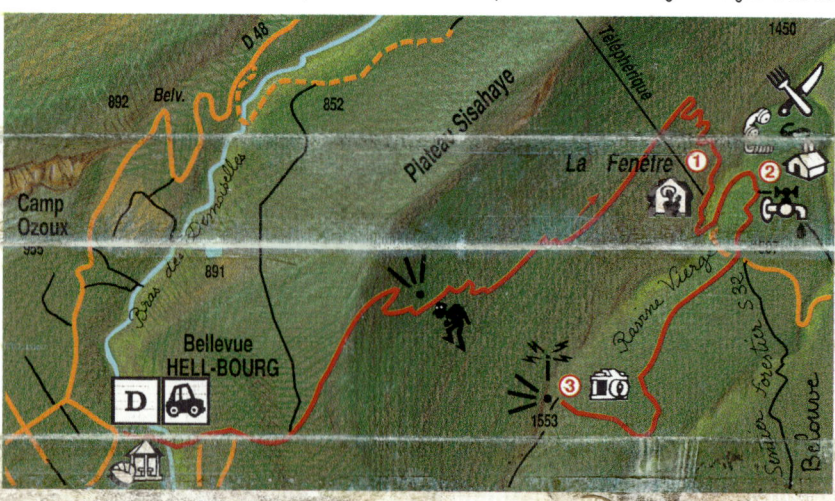

nom est Belova qui signifie "grand héritage" (be : grand, lova : héritage). De ses vastes plaines de tamariniers, on extrayait autrefois des poutres, des bardeaux de toiture et du charbon de bois en quantité, ce qui constituait pour les habitants un important patrimoine. L'endroit est bien entretenu. Un joli petit pavillon recouvert de bardeaux se dresse à l'arrivée du sentier. Juste au-dessus on passe devant le gîte-table d'hôte pour aller à la maison des Tamarins ②. Dans ce petit musée dédié au bois on pourra voir le mécanisme du téléphérique qui servait dans les années 50 à descendre le bois de Bélouve à Hell-Bourg. Des panneaux donnent des explications sur le téléphérique et l'exploitation des forêts de tamarins. La visite terminée et avant que les nuages ne viennent cacher la vue, on peut se diriger vers le belvédère, à un quart d'heure du site. Pour y aller on suit à droite, après le gîte le chemin forestier en direction du piton des Neiges (10,450 km - 6 h). On marche alors dans la forêt de tamarins et on arrive à un relais hertzien et au point de vue ③. Le cirque de Salazie s'offre totalement au regard. Au beau milieu le piton d'Anchaing veille sur la Mare à Poule d'eau et sur les villages de Hell-Bourg et de Salazie. Le piton des Neiges, le Gros Morne, le morne de Fourche et la Roche Ecrite assurent les arrières. La tête pleine de ces images fantastiques, on peut retourner au site de Bélouve et aller faire une promenade dans la forêt de tamarins en empruntant le sentier du Trou de Fer, départ indiqué (près du gîte). Les plus courageux pourront aller jusqu'au surplomb de ce canyon accessible uniquement par hélicoptère (compter 3 h minimum aller + retour), retour par le même sentier.

Une case en bardeaux de bois surplombant Hell-Bourg depuis la forêt de Bélouve.

De la forêt aux sentiers
les bois de couleur des Hauts

Certains sentiers sont tout récents, tracés pour le touriste. D'autres, plus anciens, sont chargés d'histoire, mémoire écrite ou mémoire orale plus ou moins aller à la conquête d'espaces nouveaux. Mais nombreux sont ceux qui, comme celui de Hellbourg-Bélouve, sont liés à l'exploitation de la forêt. Alors que le bois d'œuvre est de nos jours toujours importé, chacun se servait autrefois sur place, dans les hauts. Bois nobles ou bois de chauffage, tout passait par ces sentiers que le promeneur d'aujourd'hui emprunte pour se lancer à la découverte de l'île. Les essences de la forêt réunionnaise, souvent exclusives aux Mascareignes, de formes, de propriétés et de dénominations originales, ont trouvé depuis les premiers temps de la colonisation, utilité pour les hommes. La marine à voile taillait dans le mapou (ou jaque marron), la natte coudine et le bien nommé bois des remparts (ou bois de gale), des mâts et des vergues solides et quasiment imputrescibles, tandis que la coque des vaisseaux était façonnée de planches de tan rouge, de mahot, et, surtout, de tamarin. Les pièces de bois taillées provenaient quant à elles du natte coudine et du bois maigre... Les ébénistes travaillaient le bois de fer (dur comme du fer), le corce blanc, les petit et grand natte, et surtout le tamarin des hauts, bois noble par excellence, encore très prisé à l'heure actuelle. Débité en bardeaux, ce dernier faisait aussi le charme des cases créoles qu'il recouvrait d'un manteau d'écailles de bois. Les murs des paillotes étaient faits, quant à eux, de calumets tressés, autre produit fameux des hauts. Les pavillons, ces jolies cases au toit à quatre pentes, empruntaient eux aussi l'essentiel de leurs matériaux à la forêt. Les façades recevaient un revêtement de bardeaux (le soufflage) taillé dans du mahot ou du mapou. Le tamarin, aux bardeaux plus résistants, était réservé au toit, de même qu'il était préféré aux autres essences pour les lattes de parquets que les maîtresses de maison s'ingéniaient chaque semaine à cirer et à faire briller.

...Nostalgie ! Les paillotes ont disparu, les grandes cases créoles se comptent désormais à la Réunion sur les doigts de la main et les petites cases ont pratiquement toutes abandonnées leurs bardeaux pour de la tôle. La plupart des sentiers, sont heureusement toujours là, bien entretenus, et font notre bonheur, à nous les baladeurs.

A/ Fleurs fanées du **Bois de rose** (Forgesia borbonica)
B/ Le **Mahot** (Dombeya ficulnea), essence commune des forêts humides. Ses fleurs se présentent en forme de bouquets réguliers blancs ou roses.
C/ Le **Tan rouge** (Weinmannia tinctoria) peut atteindre un mètre de diamètre au pied des remparts.
D/ Le **Goyavier de Chine** (Psidium cattleyanum). Bien que ses fruits soient appréciés, cet arbuste d'origine brésilienne est une "peste végétale".
E/ Le **Bois mapou** (Monimia citrina), très résistant au feu, servait autrefois à la confection de cheminées.
F/ Un **calumet** (Nastus borbonius). Ce bambou typiquement réunionnais est surtout fréquent au nord et à l'ouest de l'île.
G/ Commun à moyenne altitude et sur les littoraux est et sud de l'île, le **Vacoas**, ou **Pimpin** (Pandanus montanus) livre sur les pieds femelles uniquement d'énormes fruits verts, rougissant à maturité.
H/ L'écorce du **Goyave marron** (Aphloia theaeformis) se détache du tronc par larges plaques. On l'appelle aussi le Change écorce.
I/ Le **Joli cœur**, ou **Bois de mangue** (Pittosporum senacia), est fréquent des clairières forestières.
J/ Le **Bois des Remparts**, ou **Mapou à petites feuilles** (Agauria salicifolia), est une espèce pionnière des remparts. Cet arbre énorme est reconnaissable à son écorce rougeâtre. Ses feuilles sont vénéneuses.
K/ Le **Bois l'osto**, ou **Losto café**, ou encore **Bois demoiselle** (Antirrhaea verticillata), est prétendu faire maigrir absorbé en décoction.
L/ Le **Bois fleurs jaunes** (Hypericum lanceolatum).
M Le **Bois maigre**, ou **Bois de bombarde** (Nuxia verticillata).
N/ Le **Grand natte** (Mimusops maxima) est recherché pour son splendide bois rouge.
O/ Souvent voisin des calumets, le **Tamarin des Hauts** (Acacia heterophylla) est une essence dominante également endémique à la Réunion (voir pages 43 et 69).

13 COL DES BŒUFS - LA NOUVELLE
du cirque de Salazie à celui de Mafate

La visite des cirques ou la beauté intérieure de l'île.
Deux formules : aller déjeuner à la Nouvelle :
une sortie sportive du dimanche ; une porte d'entrée
pour une visite prolongée du cirque de Mafate.

fiche technique

Longueur : 13 km aller-retour
Dénivelé : 530 m
Durée : 2 h aller, 2 h 30 retour
Difficulté : uniquement de la descente (mais genoux et chevilles très sollicités)
Période : toute l'année
Equipement : randonnée classique
Point d'eau : néant
Balisage : bandes parallèles superposées rouges et blanches sur le GRR1
Carte IGN 1/25 000 : n° 4405 R

route se poursuit sur 1,5 km, mais alors l'accès est interdit à tout véhicule par une chaîne tendue en travers du chemin.

description

A partir du parking et après trente minutes de marche le long de la RF 13 qui se poursuit à flanc de falaise on arrive au col des Bœufs ①. Pendant ce temps, on a tout loisir pour admirer, si toutefois le temps le permet, la presque totalité du cirque de Salazie avec quelques sites remarquables : le piton d'Anchaing juste au milieu, telle une tour de

guet, le Grand Sable repérable à sa forêt de filaos, la plaine des Merles et ses nombreux fanjans, le plateau de Bélouve sur le rempart d'en face, le tout dominé par le Gros Morne. On atteint enfin la crête qu'on franchit par une brèche taillée entre le morne de Fourche et le col du même nom et la piste s'arrête brutalement sur un éboulis au bord du

L'arrivée à destination est toujours
un grand moment de bonheur.

itinéraire d'accès

A 73 km de Saint-Denis. A 45 km de Saint-André

L'origine malgache de ce nom est Soa Lasy qui signifie "campement de bonne renommée" (soa : beau, agréable ; lasy : campement ou laza : réputation). Qu'il est bon, aujourd'hui encore, de venir se reposer à Salazie ! A partir de Saint-Denis ou de Saint-Benoît, se rendre à Saint-André. Là, bifurquer vers l'intérieur de l'île en empruntant les gorges d'entrée du cirque de Salazie (RD 48) jusqu'au village du même nom. Un kilomètre après le village, prendre à droite en direction de Grand Ilet. Dépasser ce village, prendre la direction du Bélier avant d'emprunter la RF 13 qui vous mène à 1 900 m d'altitude jusqu'à un parking terminal. La

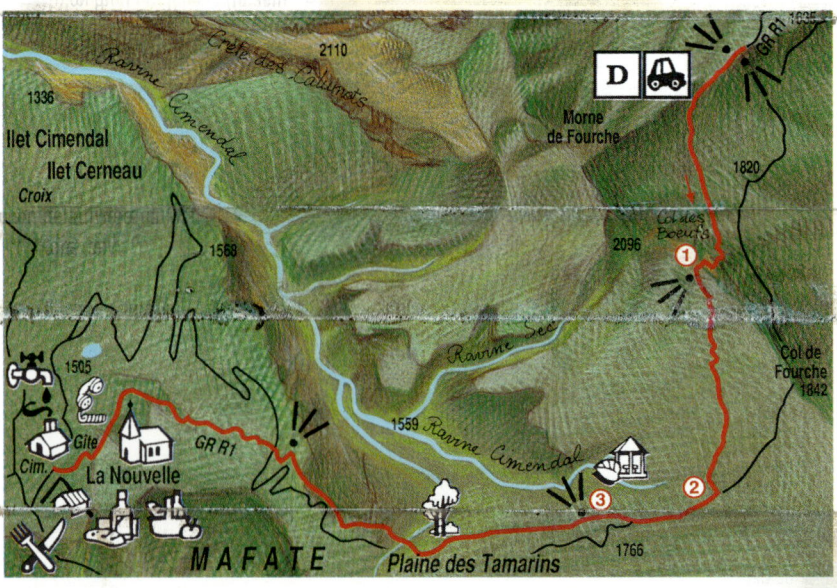

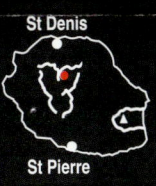
cirque de Mafate. On change de cirque et on a alors une vue imprenable sur la partie sud du cirque avec en face, juste au-dessus de l'îlet de Marla, le col du Taïbit entre le Gros Morne et le Grand Bénare. En face, la muraille majestueuse qui limite le cirque, du Grand Bénare au Maïdo, ferme l'horizon. La plaine des tamarins qu'on atteint au bout de 15 à 20 minutes de descente rapide se trouve juste dessous. C'est un endroit à la fois paisible et mystérieux avec ses arbres aux troncs et aux branches tortures qui font songer à mille et mille personnages des contes de notre enfance. C'est à ce moment qu'on rencontre le GR R1, en provenance d'Hell-Bourg, via le col de Fourche ②. On l'emprunte, à droite, pour se rendre à la Nouvelle en suivant les balises rouges et blanches. On laisse sur la gauche le sentier menant à Hell-Bourg, via le col de Fourche et le Grand Sable. Dans la plaine des Tamarins on atteint un nouvel embranchement, près d'un bivouac ③. On laisse sur la gauche le sentier menant directement à Marla et on continue tout droit pendant encore 15 à 20 minutes jusqu'au bord du plateau tout en longeant le lit vertigineux de la ravine Cimendal. Pendant tout ce temps on marche entre deux clairières, sous la frondaison d'une forêt de tamarins des Hauts, dans laquelle on peut voir facilement les boules plus foncées du "bois de souris chaude", sorte de gui local. Après le palier que constitue ce faux-plat, il ne reste plus qu'une demi-heure de descente rapide pour atteindre le lieu-dit la Nouvelle. Le sentier débouche directement sur les gîtes. Pour le retour, il faut compter une demi-heure de plus.

Le Cirque de Mafate en allant vers La Nouvelle. La Nouvelle au pied du Rempart des Pitons Bernica, Maïdo et de la Ravine St Gilles. La distillation du géranium assure encore quelques maigres revenus aux habitants du Cirque. Un vase vénitien des plus archaïques .

Sentiers en pleine nature joignant deux lieux-dits du cirque de Mafate, traversant une forêt particulière et approchant au plus près la source d'une des principales rivières de l'île, la rivière des Galets.

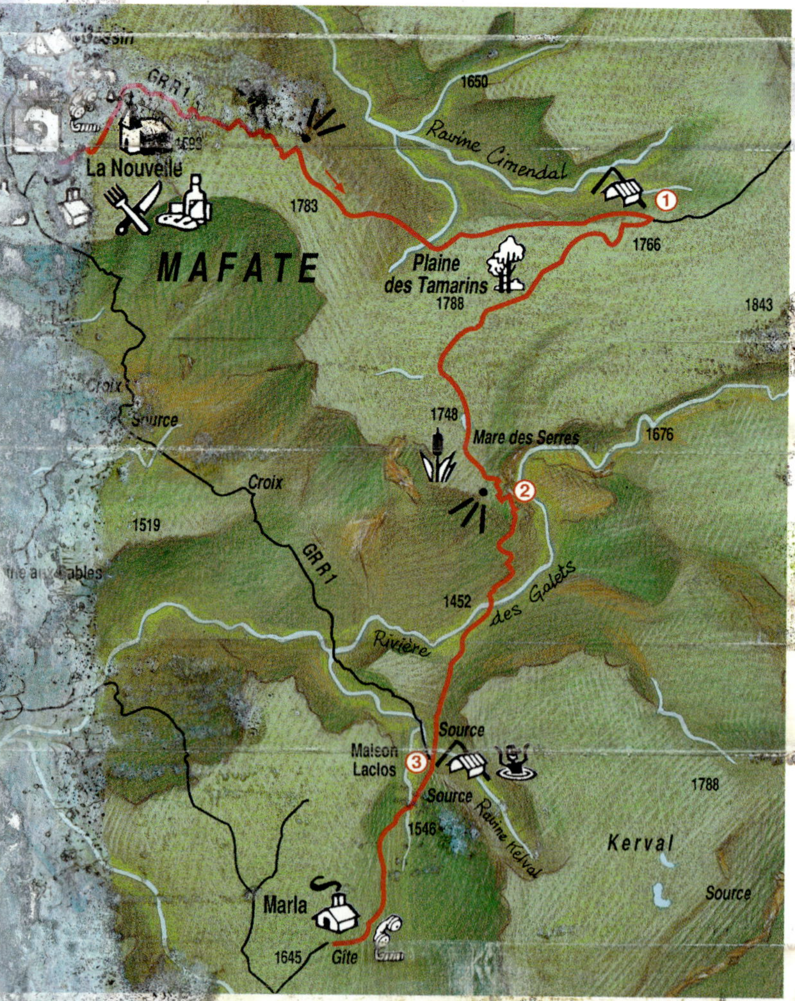

fiche technique

Longueur : 8 km aller-retour
Dénivelé : 330 m
Durée : 2 h 30 aller-retour
Difficulté : descente assez raide vers le lit de la rivière des Galets
Période : toute
Equipement : randonnée classique
Point d'eau : néant
Balisage : bandes parallèles rouges et blanches du GR RI, puis rouges et jaunes et à nouveau rouges et blanches sur l'Ilet de Marla
Carte IGN 1/25 000 : n° 4405 R

itinéraire d'accès

A 73 km de Saint-Denis. A 45 km de Saint-André.

Faire cette randonnée suppose que l'on est déjà à la Nouvelle (voir balade n° 12). Mafate. Ce nom d'origine malgache est une contraction de Maha-faty qui signifie "qui fait mourir" (maha : qui fait, faty : mourir). Mafate était l'ancien quartier général des Noirs marrons qui avaient jeté ce terme aux blancs de l'île en guise de défi : lugubre avertissement du châtiment qui attendait quiconque approchait.

A partir de Saint-Denis ou de Saint-Benoît, se rendre à Saint-André. Là, bifurquer vers l'intérieur de l'île en empruntant les gorges d'entrée du cirque de Salazie (RD 48) jusqu'au village du même nom. Un kilomètre après le village, prendre à droite en direction de Grand Ilet. Dépasser ce village, prendre la direction du Bélier avant d'emprunter la RF 13 qui vous mène à 1 900 m d'altitude jusqu'à un parking terminal. La route se poursuit sur 1,5 km, mais alors

À la Nouvelle, la maison Laclos au pied du Grand Bénare culminant à 2896 m. Depuis le Maïdo, au sommet du Rempart, vue plongeante sur le fond du cirque de Mafate.

L'accès est interdit à tout véhicule par une chaîne tendue en travers du chemin. Faire la balade n° 12 pour se rendre à la Nouvelle.

description

Depuis le gîte de la Nouvelle, on prend le sentier qui se dirige vers le Bélier (cirque de Salazie) via le col de Fourche ou le col des Bœufs. On grimpe assez dur pendant 45 minutes jusqu'à la plaine des Tamarins ("plaine" au sens Réunion : terrain plat, sans aucune autre façon, tenir compte de son altitude). A l'approche de ce plateau (voir balade n° 12), signalé par un dernier bois d'acacias, le sentier longe au plus près la ravine Cimendal, avec une vue sur ses gorges encaissées, sur le morne de Fourche, départ de la crête des Calumets et sur les deux cols (col de Fourche et col des Bœufs) donnant accès au

La Nouvelle !

Ilet le plus peuplé du cirque de Mafate, en passe d'être relié par une piste au cirque de Salazie via le col des Bœufs. On y trouve : un poste forestier, une école, une gendarmerie mobile ; 2 boutiques et une coopérative bien fournies en produits frais, 2 gîtes, un refuge, de nombreux gîtes chez l'habitant ; tables et chambres d'hôtes ; économie : géranium (présence d'alambics), légumineuses (lentilles, petits pois). Le peuplement de la Nouvelle, comme celui des îlets des autres cirques s'est effectué en deux vagues. Ce furent d'abord des Esclaves préférant une vie misérable mais libre à la servitude. Ils ont d'ailleurs laissé leur nom à divers endroits tel Mafate, Cimendef, Cimandal dans le cirque de Mafate, Enchaing dans le cirque de Salazie. La deuxième vague fut le fait des "Petits Blancs", des colons confrontés à un grave problème foncier.

cirque de Salazie. Le plateau, situé au pied du Gros Morne, n'a pas volé son nom de plaine des Tamarins, peuplé qu'il est, à près de 90 % de tamarins des hauts arborant presque tous, ces boules d'un vert plus sombre signalant la présence d'un parasite, le bois de souris chaude, sorte de gui local. On avance alors dans un sous-bois éclairé, la couche arbustive n'étant constituée que de quelques spécimens, de la forêt de bois de couleurs des hauts, en particulier des bois de nèfles, et des change-écorce. Le sentier est alors pratiquement plat, sinuant à travers une épaisse moquette herbeuse, piquetée de ci, de là, de petites touffes de joncs. Au bout d'un quart d'heure, on arrive à un embranchement près d'un bivouac pouvant accueillir 24 personnes ①. On prend à droite, direction Marla. Le balisage change : de rouge et blanc, il devient rouge et jaune. Le sentier longe alors le pied du Gros Morne en direction du col du Taïbit se détournant résolument du col de Fourche. Il faut compter environ une vingtaine de minutes pour traverser le plateau jusqu'à la Mare des Serrés. C'est le nom donné à une succession de petits plans d'eau qui peuvent être pleins ou totalement à sec selon les caprices de la pluviométrie (ou du pluviomètre) : ou bien on traverse des clairières herbeuses et tapissées de joncs, ou bien on est contraint de contourner de véritables mares plus ou moins étendues. Dans cette débauche de verdure on ne sera pas surpris de croiser aux détours du sentier, annoncés par des tintements de clochettes, des bovins appartenant aux habitants de la Nouvelle ; ces animaux y vivent en parfaite liberté. Les randonneurs les moins courageux se contenteront d'un petit crochet s'il s'agit de paisibles vaches paissant un peu trop près du sentier, mais n'hésiteront pas à faire un large détour s'il s'agit d'un taureau puissant solidement campé au beau milieu du sentier et clamant bruyamment son amour aux quatre coins de la forêt. Après les mares, on arrive très vite au bord du plateau d'où l'on a une vue imprenable sur la partie la plus méridionale du cirque ② : l'Ilet de Marla, cerné par le lit de la rivière des Galets, le rempart du grand Bénare, le plateau du Kerval, lui-même dominé par le massif des Salazes et sur la crête, les Trois Salazes et le col du Taïbit. La descente se fera le long d'un "rein" (une crête avec ou sans dénivelé) très pentu et bordé d'une végétation de bois de couleurs des hauts. On rencontre encore quelques tamarins des hauts, égarés ici, comme s'ils étaient tombés du plateau et s'étaient rattrapés de justesse, se faisant de plus en plus rares au fur et à mesure de la descente pendant que les bois de couleurs deviennent de plus en plus vigoureux. En une demi-heure on est en bas et à même de traverser successivement les lits de la rivière des Galets et du bras Maxime (ou Machine), qui séparent la plaine des Tamarins du plateau du Kerval. On mettra encore quinze minutes pour monter un dénivelé de 100 m au pied du plateau du Kerval ; on laisse sur la gauche le sentier menant sur le plateau lui-même par la ravine du même nom, puis on franchit une petite ravine par un gué fleuri d'arums. Il ne reste plus qu'à sauter une barrière pour retrouver les balises rouges et blanches du GR R1 arrivant de la Nouvelle par la "voie directe". Çà y est ! on a pris pied sur l'Ilet de Marla à hauteur de la Maison Laclos ③ qui sert de refuge d'accès libre et gratuit pour une vingtaine de personnes.. Encore quinze à vingt minutes de marche et un dénivelé d'une centaine de mètres et on atteint le centre de Marla où se trouvent regroupés le gîte, la boutique, l'école, la maison du gardien, les tables d'hôte et les gîtes chez l'habitant. Le retour éventuel sur la Nouvelle peut se faire de deux façons ; soit par le même chemin ; soit par le chemin direct GR R1, une heure trente après une succession de descentes et remontées. Ces dernières, courtes mais rapides, au sommet desquelles vous serez accueillis par des Croix ou des petits "bon dieu".

Le tamarin des Hauts

Le tamarin des Hauts ou Acacia hétérophylla est un arbre endémique de la Réunion. Il doit son nom scientifique à une particularité morphologique : les jeunes plants et parfois les rejets portent des feuilles composées comme celles des acacias ordinaires. L'arbre adulte ne produit plus que des feuilles simples aplaties ayant l'aspect de lames. Il y a parfois coexistence des deux types de feuilles sur les jeunes plants. Autres particularités :
- l'acacia hétérophylla, croît de 1 200 m à 2 000 m - ses forêts abritent fréquemment des calumets, seuls bambous endémiques de l'île (nastus borbonicus).
- il fournit un excellent bois d'ébénisterie et sert à la fabrication de bardeaux,
- l'arbre peut atteindre 20 à 25 m de haut pour un diamètre de 1,2 à 1,5 m avec un tronc très vite ramifié,
- sa forêt ne peut se régénérer qu'après un accident (incendie ou défrichage) et sur la station d'origine malgré la production d'une énorme quantité de graines,
- il est assez couramment parasité par une sorte de gui local, le bois de souris chaude (ou chourichaude) qui émaille son feuillage de boules d'un vert plus profond. Souvent, les branches ainsi parasitées dépérissent et meurent.

Le bois de souris chaude

Ce bois a un moyen original de dissémination. Il bénéficie de l'aide involontaire des oiseaux, des merles en particulier. Ces derniers sont très friands des baies blanches que la plante prodigue généreusement. Quand ils les mangent, la chair visqueuse reste parfois collée à leur bec. Pour s'en débarrasser, les oiseaux se frottent aux branches et pour peu que l'endroit soit propice, la graine germe.

MARLA - KERVAL
un petit étang et une forêt de tamarins des hauts

Comme suspendu entre le massif du Gros Morne et l'îlet de Marla, grimpant à l'assaut des Trois Salazes, le plateau du Kerval, pendant de la plaine des Tamarins dont il n'est séparé que par les sources de la rivière des Galets et du bras Maxime, sert d'étable ouverte aux bovins de Marla.

fiche technique

Longueur : 7 km aller-retour (10 km avec l'extension)
Dénivelé : 230 m (400 m avec l'extension)
Durée : 3 h aller-retour (5 h avec l'extension)
Difficulté : assez facile (difficile avec l'extension)
Période : toute
Équipement : randonnée classique
Point d'eau : des sources sur le plateau
Balisage : bandes parallèles rouges et blanches puis rouges et jaunes sur quelques dizaines de mètres, et enfin taches blanches
Carte IGN 1/25 000 : n° 4405 R

itinéraire d'accès

Voir l'itinéraire des balades n° 12, 13 et 16. Pratiquer cette randonnée signifie au départ que vous êtes déjà dans le cirque de Mafate et plus

Une belle de Marla.

précisément à Marla (voir balade n° 15). Cette sortie peut constituer un pique-nique d'une journée après une grasse matinée ou alors une balade d'une demi-journée pour les courageux qui voudront compléter la journée par une autre "promenade" dans cette région du cirque telle que les Trois Roches, la Nouvelle ou la plaine des Tamarins.

description

A partir du gîte, on descend environ quinze à vingt minutes vers le bas de Marla jusqu'à Maison Laclos ①, dernière construction de l'îlet et qui sert de refuge d'accès libre et gratuit (pour une vingtaine de personnes). Là, il faut laisser à gauche le sentier direct vers la Nouvelle avec ses balises rouges et blanches du GRR1 et franchir la ravine Marla en direction du col de Fourche (les balises sont alors rouges et jaunes). Quelques dizaines de mètres plus loin, à un nouvel embranchement, on prend à droite le sentier signalé par des taches blanches et qui remonte la ravine Kerval à l'abri d'une forêt de bois de couleurs bien aéré. Il faut

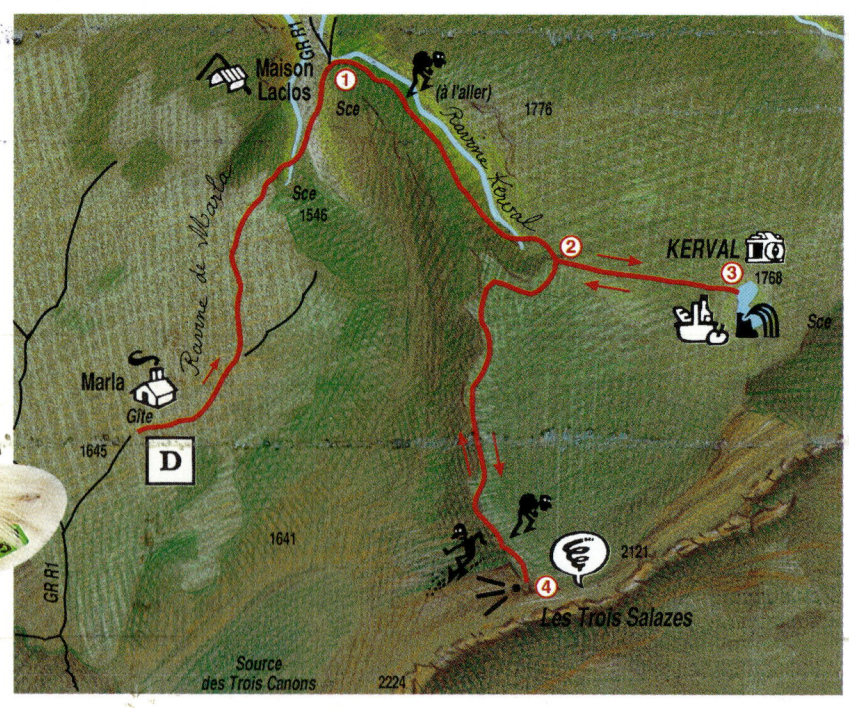

Cirque
de Mafate

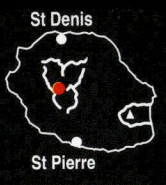

St Denis

St Pierre

compter un peu plus d'une heure pour atteindre la crête. Il convient alors de suivre les balises blanches pour ne pas se perdre parmi la profusion de sentiers "marron" tracés par les vaches en quête de quelque verdure en des lieux le plus souvent peu recommandés par les règles élémentaires de sécurité. Mais ce ne sera pas toujours évident. Le seul renseignement susceptible de vous aider vraiment est de savoir que le sentier sort définitivement de la ravine à environ cinquante mètres de la crête pour passer sur sa rive droite. Si on loupe la sortie, il ne reste plus qu'à redescendre un peu ou prendre pied tout de même sur le plateau au prix de quelques acrobaties ②. Sur le plateau lui-même, les sentiers sont aussi nombreux que dans la ravine. Le mieux est d'en prendre un qui tourne le dos à la ravine et se dirige droit vers la montagne, quelque part entre le gros Morne et les Trois Salazes. On finit alors par tomber, au bout de dix minutes à peine, sur un petit étang poissonneux ③. Il sert d'abreuvoir naturel aux bovins "parqués" là, en semi-liberté, par les gens de Marla. Il n'y a pas si longtemps, les habitants de l'îlet montaient la veille, au Kerval, récupérer des bêtes de somme pour aller au ravitaillement à Cilaos ou au Bélier (cirque de Salazie). Et c'est seulement après avoir ramené les bêtes là-haut au retour, le soir même, qu'ils considéraient leur journée comme vraiment terminée. Le site est très prisé par les photographes : à certaines heures et sous certains angles, le gros Morne et les crêtes environnantes se reflètent à la surface de l'eau zébrée par le vol incessant des salanganes à la recherche d'insectes. On peut agrémenter l'image en essayant d'y inclure les fleurs roses ou blanches de la forêt de mahots qui jouxte la mare

Deux aspects de la mare de Kerval, ou de Kelval.

Un passage difficile vers les 3 Salazes.

Le gîte de Marla entre le Morne de Fourche et le Gros Morne. Une habitation de l'îlet Marla : l'exil au fin fond du cirque est rendu plus vivable grâce à la fée électricité alimentée ici par cette plaque solaire.

ou, tout simplement la petite cascade qui alimente l'étang et qui fournit une eau pure et fraîche. Pour les plus sportifs, il est possible d'approcher au plus près la crête au niveau des Trois Salazes, à moins de cent mètres. Le mieux est de revenir sur ses pas jusqu'au bord du plateau ② pour le longer ensuite tout du long jusqu'au pied des Trois Salazes ④, la progression à travers la forêt de tamarins des hauts étant rendue pour le moins difficile par l'entrelacs des "bringelliers marrons" singulièrement nombreux ici (sauf sous les mahots !) La pente est assez sévère, mais on arrive sans encombre au pied des Trois Salazes. Et là, on a l'impression qu'on les touche presque, ces trois bêtes cailloux posés sur la crête, moins de quatre-vingts mètres au-dessus. On pense qu'on pourra aller plus loin malgré l'aspect vertical de la paroi, et ce, juste au prix d'une petite escalade apparemment facile. Il suffit, pense-t-on, de s'accrocher à la végétation qui croît jusqu'en haut ou presque. Mais force sera de déchanter assez rapidement et de rebrousser chemin, tant qu'on le peut encore, car nul n'appréciera bien longtemps de sentir tout ce qu'il touche, végétal ou minéral, rester entre ses doigts, tant la roche est pourrie Attention ! Il n'est pas du tout évident, en matière d'escalade, de pouvoir redescendre ce qu'on vient

Marla en 1992

- 7 feux, 25 habitants
- 1 école, 1 instituteur, 6 élèves
- 1 gîte officiel de 15 places avec réservation auprès des Syndicats d'Initiative
- 1 refuge (la Maison Laclos) d'une vingtaine de places, accès libre et gratuit
- 2 tables d'hôte (réservation auprès du gardien du gîte)
- 2 gîtes d'une dizaine de places chez l'habitant
- hébergement possible chez l'habitant (16 places)

de monter. De toute façon, il vous restera la satisfaction d'avoir pu profiter tout du long, d'un point de vue de plus en plus élevé sur l'îlet de Marla lui-même, sur toute la partie sud du cirque et au-delà. En ce qui concerne l'îlet, c'est un jeu d'enfant que d'essayer de repérer à ses pieds, le gîte, la boutique, l'école, la Maison Laclos, la chapelle ou le bassin de retenue d'eau. Pour le reste, il vous faudra une carte, l'endroit se prêtant à merveille à une lecture de paysage. Mais c'est peut-être seulement de là, au pied des Trois Salazes, que l'on peut prendre conscience qu'à un certain moment de l'histoire géologique de la Réunion, la plaine des Tamarins et le plateau du Kerval, avaient dû n'en faire qu'un et qu'ils ne doivent leur séparation actuelle qu'aux sources de la rivière des Galets qui ont profondément raviné la partie centrale. Compter au moins deux heures de plus pour l'aller-retour de cette extension "Trois Salazes".

Z'enfants-les-Hauts
(Chanson réunionnaise)

Dans les Hauts y perde dans la montagne
Na un ptit village qu'l'est dans l'cirque Mafate
Y appelle Marla.
Pour arrive là-bas, y faut courage
N'a brouillard, ptit z'oiseau, bon peu ruisseaux
Ptit case en tôle bien propre
Ou bande monde les Hauts essayent vivre
Comme y comprend
N'a d'fois dans les bas
Y vende bazard

REFRAIN
Nous, z'enfants les Hauts, z'enfants Marla
Nous connait pas la couleur la mer
Nous, z'enfants les Hauts, z'enfants Marla
Même malheureux, nous n'a bon cœur
Ou, ou, ou...   (plaintif)

Grand-matin, nous sar charroye de l'eau
Après nous sar l'école pieds nus, sans paletot N'a
aussi marmaille obligé reste la case
Pour faire ménage.
D'autres aux champs y ramasse légumes
L'a point l'temps jouer toute façon
Y fait frais n'a toujours
Quelque chose pour fait
Et notre seul passe-temps
La messe dimanche   (au refrain)

FINAL
Nous z'enfant les Hauts
Nous sera pas toujours aussi misère
Nous ... nous z'enfants les Hauts
Un jour Bon Dieu va donne la lumière
                                          (au refrain)

"Z'enfants les Hauts", texte de Christian BAPTISTO
interprétation Micheline PICOT. Face B. 1er prix de
l'émission "d'une île à l'autre".
Enregistrement et distribution exclusive : PIROS
RN 2 97440 Saint-André.

Un des abîmes des Trois Roches   F.F.

Entre crête des Calumets, massif des Salazes et remparts du Grand Bénare, un demi-circuit qui vous fera découvrir les îlets constituant les berges de la partie haute de la rivière des Galets, et le site exceptionnel des Trois Roches, véritable but de cette balade.

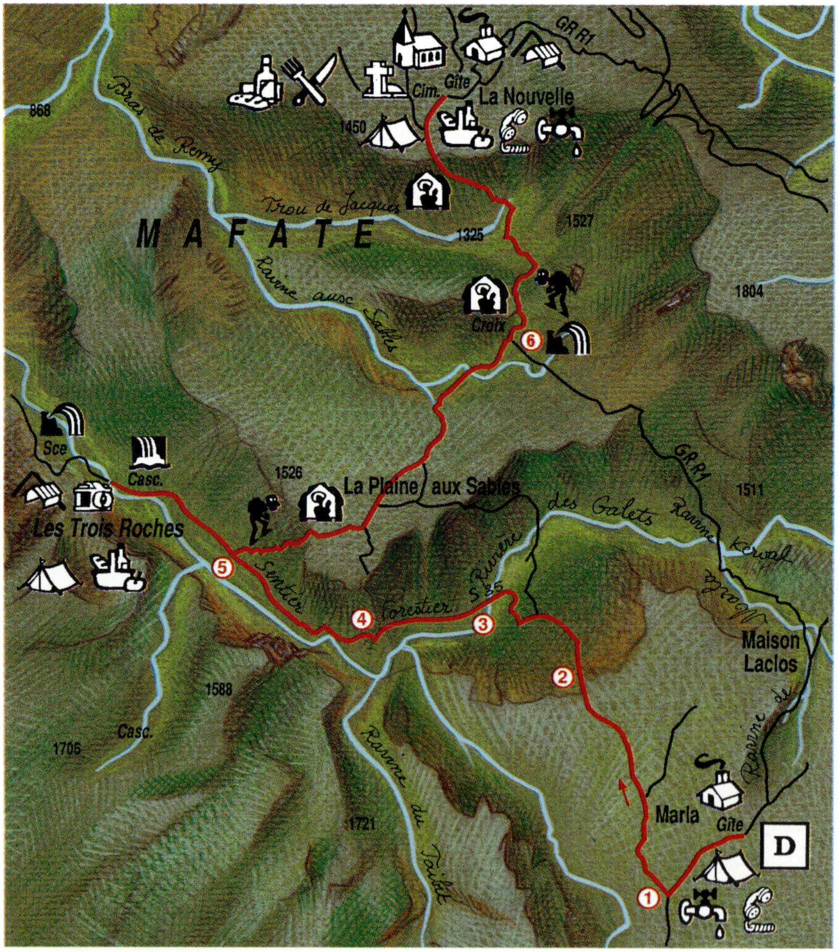

fiche technique

Longueur : 9 km aller
Dénivelé : 420 m
Durée : 4 h aller
Difficulté : néant
Période : toute
Equipement : randonnée classique
Point d'eau : au bivouac de Trois Roches : source à la bifurcation Trois Roches - La Nouvelle - Marla
Balisage : bandes parallèles rouges et blanches du GR RI, puis rouges et jaunes et à nouveau rouges et blanches sur l'Ilet de Marla
Carte IGN 1/25 000 : n° 4405 R

itinéraire d'accès

Marla. Ce nom d'origine malgache, est une contraction du mot Marolahy qui signifie "beaucoup d'hommes" (maro : beaucoup, lahy : hommes). L'excursionniste qui s'y rendait devait, afin de ne vexer personne, rendre visite à tous les habitants et accepter la tasse de café, voire le couvert et le gîte. Faire cette balade suppose que vous êtes déjà dans le cirque, plus précisément à Marla. Pour se rendre à Marla, voir l'itinéraire d'accès de la balade n° 16 : "Cilaos - Taïbit - Marla".
Remarque : il est possible aussi d'accéder à Marla en suivant l'itinéraire de la balade n° 13.

description

A partir du gîte ou de la boutique de Marla, on prend la direction du col du Taïbit jusqu'au premier carrefour ① qu'on atteint au bout de cinq à dix minutes. On quitte alors le GR R1 avec son

balisage rouge et blanc pour tourner à droite et suivre les traces blanches du sentier qui conduit à Roche Plate via les Trois Roches. Cette traversée sud-nord de l'îlet se fait en quinze minutes de marche le long d'un sentier en pente douce, souvent bordée d'une haie de vétiver. On côtoie alors l'une ou l'autre de ces maisons de Marla, toutes conçues et bâties selon le même principe : les différents corps d'habitation sont surbaissés et à demi incrustés dans le relief pour donner le moins de prise possible aux vents cycloniques. Au milieu de la courette ainsi définie, trône l'immanquable prunier, qui selon la saison, ne se montre avare ni de ses fleurs ni de ses fruits, ces derniers pouvant fournir du "vin" de prunes par hectolitres. A proximité on trouve un petit jardin fleuri, un petit potager protégé de la volaille en liberté par un grillage métallique, et plus loin un parc à cochons et des lopins cultivés, suivant la saison, en maïs, géranium, petits pois, haricots et surtout lentilles, une spécialité du coin. Au bout d'un quart d'heure, on arrive aux confins de l'îlet ②. Finie la verdure ; ici commence le règne du minéral avec, en premier lieu, cet éboulis qui sert de sentier par temps sec, mais aussi de lit à une ravine, lors de la moindre pluie, comme semble l'attester la présence de nombreux "bois de source" (Boemheria macrophylla). On traverse un plateau plus stabilisé malgré son aspect cahotique, puis un second éboulis. Toute la descente ne prendra pas plus de vingt-cinq minutes et l'on débouche directement sur la rivière des Galets que l'on franchit immédiatement, à gué ③, en sautant d'un gros bloc de basalte à l'autre pour passer sur la rive droite que l'on suivra jusqu'à

La sauge du Texas ou Z'herbe cabri (Salvia coccinea), *est la seule sauge de l'île à "courir marron", c'est-à-dire à se développer de façon sauvage dans les cirques.
Le lit de la rivière des Galets entre Marla et Trois-Roches.*

Corbeille d'or (Lantana camara)

Les Trois Roches

Ici la rivière des Galets se jette en cascade dans un mini-gouffre constitué d'une faille ouverte dans une immense dalle de basalte poli, une faille, dirait-on, ouverte par un géant armé d'une hache non moins géante. Plus poétiquement peut-être se hasarderait-on à comparer le site à une femme allongée sur le dos, livrant son corps aux rayons caressants du soleil. Et le randonneur ne manquera pas de plonger son regard au plus profond du gouffre, dont il ne verra d'ailleurs le fond qu'au prix des risques les plus fous. Attention, danger ! les abords immédiats de la faille et le fond de la rivière qui s'y jette sont très glissants ! Au fil du temps et des crues cycloniques, les blocs, de taille imposante (d'où le site a probablement tiré son nom) se sont multipliés. En voyant leurs formes arrondies, on peut imaginer leurs cavalcades folles, depuis les sommets, parmi les flots déchaînés jusqu'à cet emplacement où, rangés sagement de chaque côté de la faille, ils veillent tels des gardiens fidèles sur le sommeil de la belle. A cet endroit, le sentier passe sur la rive gauche de la rivière des galets. On y trouve un bivouac pour une vingtaine de personnes avec point-feu, de l'eau, trou à ordures et toilettes et également une petite aire de camping, de l'autre côté d'un ruisseau où poussent des songes noires. Derrière la cabane, un épais buisson épineu de "galabert" semble vouloir interdire tout assaut en direction du rempart du Grand Bénare. Cette plante odorante, originaire d'Amérique tropicale, Lantana camara, appelée aussi Corbeille d'Or, a été classée "peste végétale" : ses fruits noirs et sucrés sont très appréciés de certains oiseaux qui contribueront ainsi à sa dissémination. Et à la voir comme ça, redoutable et redoutée ici, on a du mal à croire que sous d'autres cieux, certains se donnent tant de mal à la faire pousser en pots.

Trois Roches pendant à peu près trois quarts d'heure. Le sentier suit le lit de la rivière jusqu'à un "mur" ④ qui s'élève à mi-chemin de cette partie du trajet. Cette escalade en quelques lacets rapides, suivie d'une descente plus abrupte et au dénivelé plus important, permet d'éviter le seul coude que fait le cours de la rivière, qui passe à cet endroit dans un goulet étroit tout-à-fait impraticable à la moindre pluie. Puis le sentier est plat. On laisse sur sa droite le sentier qui monte ⑤ puis la vie semble reprendre ses droits sur le minéral sous forme d'une petite forêt de bois de couleurs fréquentée par de nombreux oiseaux dont les gazouillis divers enchanteront les oreilles du randonneur poète et discret. Juste après, on pénètre dans un petit bois de filaos qui signale de loin le site des Trois Roches, véritable but de cette randonnée. On quitte à regret ce site enchanteur. Pour se rendre à la Nouvelle, il faut revenir sur ses pas pendant dix minutes au plus et prendre à gauche, à la première bifurcation ⑤, direction la Nouvelle par la plaine aux Sables. De là une grimpette d'une demi-heure mène, deux cents mètres plus haut, jusqu'à un "bon dieu" qui semble souhaiter la bienvenue sur l'îlet. Le sentier le traverse dans sa plus grande longueur, parcourant ses deux paliers séparés par une légère descente dans les filaos, laissant à droite et à gauche quelques rares habitations et exploitations, souvent abandonnées. Le sentier descend ensuite de l'îlet pour remonter le lit de la ravine aux Sables par un faux-plat suivi d'un raidillon, jusqu'à une nouvelle bifurcation. Là on trouve le deuxième point d'eau du parcours, sous la forme d'un ruisselet qui traverse le sentier et invite à la halte. Et pour peu qu'on réussisse à obtenir le silence, on ne manquera pas d'entendre le sifflement mélodieux des merles se répondant d'un versant à l'autre de cette ravine qui bénéficie, à cet endroit, d'un couvert végétal exceptionnel. C'est ici aussi qu'on retrouve le GR R1, section Marla la Nouvelle, avec ses balises rouges et blanches ⑥. Pour aller à la Nouvelle, prendre à gauche le sentier qui continue à grimper dans la ravine. Au bout de dix minutes, on parvient au sommet du raidillon, sur un "bord", où on est accueilli par un "bon dieu" frileusement emmitouflé dans un écrin d'aubépine. Vient ensuite un dernier tronçon de trente à quarante minutes composé d'une descente un peu raide suivie d'un long faux plat et d'une montée rapide où on est accueilli par l'ultime "bon dieu" annonçant l'îlet de la Nouvelle que l'on découvrira après avoir traversé un bois de cryptomérias et des champs de géranium.

Remarque : le retour à Marla peut s'effectuer de deux façons : soit revenir sur ses pas et suivre jusqu'au bout les balises rouges et blanches du GR R1 (attention à la bifurcation de la ravine aux Sables !) 1 h 30 ; soit prendre l'itinéraire de la balade n° 13 : 2 h 30. Cette deuxième option constitue la meilleure façon de boucler le circuit.

La dernière maison de Marla au pied du col de Taïbit.
Le bivouac de Trois-Roches. La faille béante de
Trois-Roches. Attention au faux-pas !

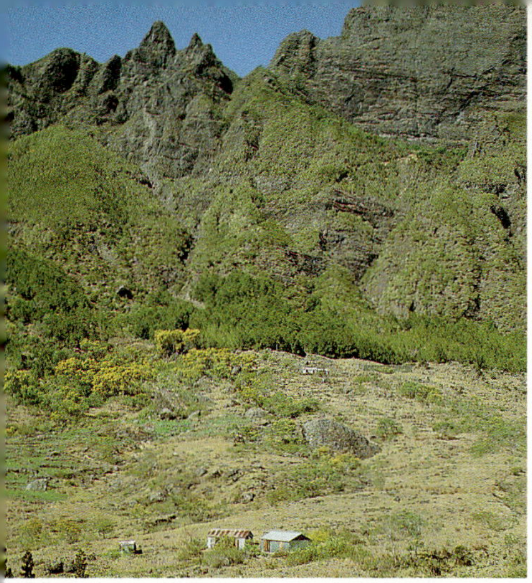

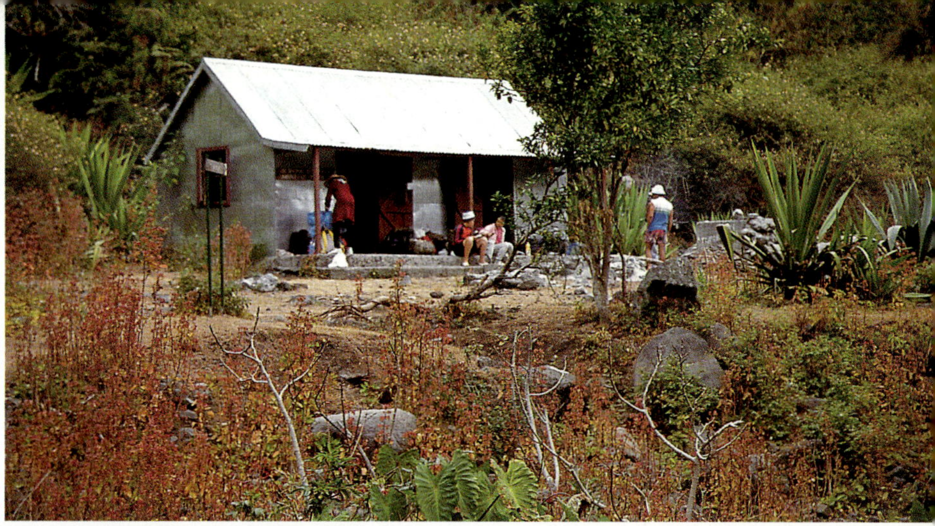

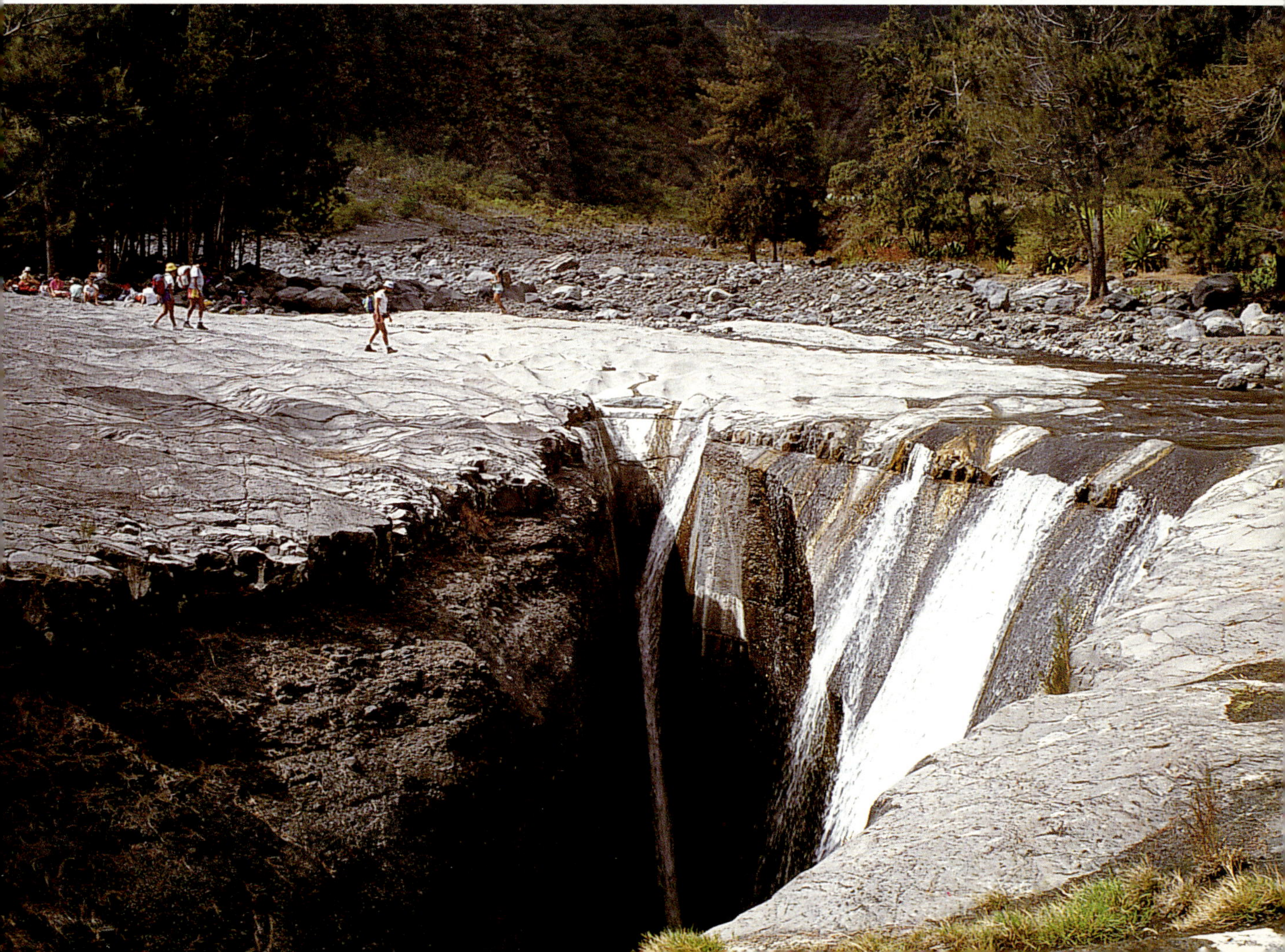

Les papillons de la Réunion

L'histoire du spectaculaire papillon jaune et noir de la page 51 *(Papilio démodocus)*, et celle de la danaïde orangée présentée page suivante *(Danaus chrysippus)*, illustre bien la particularité des faunes réunionnaises et mauriciennes : non endémiques toutes trois, ces espèces ont fait souche dans cette partie de l'océan Indien de façon accidentelle. Ces îles détiennent en effet le triste privilège d'être connues du monde scientifique par le nombre record d'animaux disparus, de "fossiles vivants" et d'introductions accidentelles ou naturelles récentes.

Ainsi, le *Danaus plexipus*, l'autre espèce réunionnaise de cette famille, bien connu du continent américain où il est appelé "le monarque", fut capturé pour la première fois à la Réunion le 29 août 1985 du côté de Saint-Louis. Grand migrateur, capable de planer à l'économie pendant de longues minutes, on imagine qu'il fut emmené par les vents depuis les îles de la Sonde ou l'Australie comme le fut dans des temps plus anciens son cousin le *Danus chrysippus*. les cyclones par exemple, sont réputés capable d'inséminer sur leur passage les terres qu'ils dévastent de spores, de graines, de larves d'insectes, voire de quelques petits mammifères étrangers.

Les vents alizés, les cyclones et les courants marins se dirigeant principalement d'est en ouest, il faut attri-

Avec ses 105 mm d'envergure, cette noctuelle *(Eupatula macrops) est le papillon le plus grand de la Réunion.*

D'envergure plus modeste : 85 mm pour le magnifique Papilio phorbanta *aux miroirs bleus et 70 mm pour le* Salamis augustina *ci-dessus, ces deux espèces sont rares et strictement protégées.*

Photo Andérés

buer à l'homme l'apparition à la Réunion des nombreuses espèces de lépidoptères d'origine malgache. Mais il faut noter surtout de ces trois siècles de présence humaine, la disparition irrémédiable de quantité d'espèces animales endémiques. Une chance de survie se veut néanmoins d'être offerte à deux papillons typiquement réunionnais, le *Papilio phorbana* et le *Salamis augustina* (ci-dessous), depuis leur inscription en 1979 au registre des espèces françaises protégées. Triste anecdote significative : l'histoire et le destin de ces différentes espèces sont liés depuis 1863, date à laquelle un éminent entomologiste, le docteur Vinson, introduisit pour sa beauté le

Papilio démodocus de Madagascar. Ce joyau des jardins proliférait sans souci à la Réunion, jusqu'au jour où les planteurs d'agrumes reprochèrent à sa chenille des ravages causés sur les feuilles des citronniers. Une mouche, fut importée, pour lutter contre ce fléau, alors la tachinaire *(Carcelia evolans)*, dont la particularité est de pondre ses œufs dans la larve du papillon. Mais, peu regardante, la mouche parasita également dans la foulée les chrysalides du *Papilio phorbanta*.

N'ayant rien trouvé pour lui faire respecter les termes stricts du contrat signé avec l'homme, il est à penser que l'arrêté de protection du *Papilio phorbanta* s'avèrera dérisoire et n'empêchera pas sa disparition. Celui-ci se rencontre encore parfois dans les bas, en octobre-novembre, où il vient pondre ses œufs sur les *Citrus*, puis se réfugie dès décembre dans les hauts jusqu'à 1 000 mètres d'altitude où il retrouve sa plante originelle, le *Toddalia asiatica*.

Un dimorphisme sexuel saisissant caractérise cette espèce : alors que la femelle, toute de nuances brunes, vit cachée dans les zones boisées, le mâle présente sur fond noir de splendides taches de nacre bleue qu'il fait miroiter sous les rayons du soleil, partout à la Réunion.

Le *Salamis augustina* est menacé, quant à lui, par l'extension des zones urbaines et la destruction par l'homme de son unique plante-hôte, la rare *Obetia ficifolia (Urticacée)*, localisée du côté du Tampon et de Saint-Philippe.

Il est intéressant d'observer dans le "Jardin d'Eden" à Saint-Gilles, les différentes étapes de la métamorphose du Danus chrysippus, *particulièrement nombreux en ce lieu. Aux branches d'arbustes appelés "Corbeille d'or à ouate" pendent de petites lanternes verdâtres, les chrysalides, tandis que sur les feuilles s'activent les mandibules de magnifiques chenilles zébrées et cornues.*

Le monde des insectes est également représenté dans l'île par bon nombre de libellules et de coléoptères, tel ici ce charençon tropical.

Photo Anderès

Après avoir "fait" le cirque de Cilaos en voiture, et sur le point de "faire" celui de Mafate, à pied, vous aurez, avec un peu de chance, l'occasion de les voir tous les deux à vos pieds du col de Taïbit, à plus de 2 000 mètres d'altitude, entre le piton des Neiges et le Grand Bénare.

fiche technique

Longueur : 6,5 km aller
Dénivelé : 780 m
Durée : 3 h 30 aller
Difficulté : pentes sévères, à déconseiller aux personnes sujettes au vertige.
Période : toute
Equipement : randonnée classique
Point d'eau : petite source au-dessus de l'îlet des Salazes.
Balisage : GR RI bandes superposées rouges et blanches.
Carte IGN 1/25 000 : n° 4405 R

itinéraire d'accès

A 120 km de Saint-Denis. A 44 km de Saint-Louis.

Entrer dans Saint-Louis pour prendre la direction de Cilaos (à partir de la rue principale prendre la première à droite en venant de Saint-Pierre ou la dernière à gauche en venant de Saint-Paul). A Cilaos, dépasser l'église et le Grand Hôtel pour emprunter la route entièrement goudronnée qui mène aux anciens thermes et à Ilet à Cordes. Au bout de cinq kilomètres, après le Bras Rouge, il y a une aire de pique-nique, où l'on pourra éventuellement laisser son véhicule. C'est également un point d'eau. Le point de départ est à une cen-

taine de mètres plus loin. Des panneaux indicateurs sont placés au début du sentier.

description

Le sentier débute par un escalier au pied duquel se trouve un panneau de renseignement ONF à environ 1 250 m d'altitude et monte assez régulièrement à travers une forêt de bois de couleurs.

Il faudra compter environ 30 minutes pour déboucher sur l'Ilet des Salazes ① (les Trois Salazes se trouvent sur la crête à la verticale de l'îlet) au sortir d'une futaie de filaos, et d'eucalyptus. Ces essences étaient naguère le refuge attitré d'une bande de martins braillard qui n'en sortaient que pour aller piller les graines des plantations de cet îlet du temps où il était habité et cultivé. Et il n'était pas rare alors d'entendre siffler dans le feuillage les cailloux propulsés par des frondes habilement manœuvrées par les gamins en vacances suppléant ainsi à l'inefficacité notoire des épouvantails. Dix minutes suffiront à se hisser à 100 mètres et plus au-dessus de cet îlet jusqu'à un point de vue permettant de découvrir une avant-dernière fois le cirque dans son

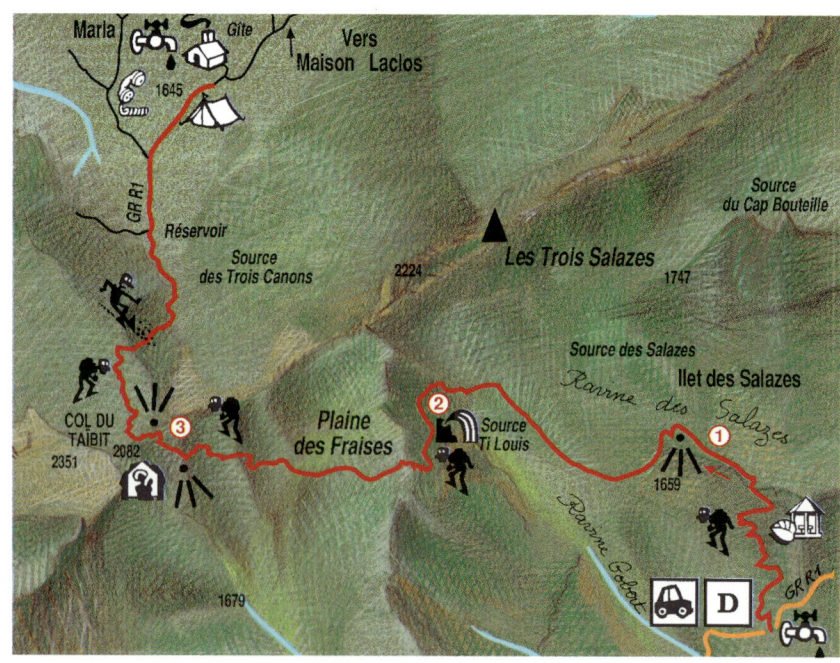

ensemble. Il faudra attendre d'être presqu'au col du Taïbit pour retrouver un tel panorama, si toutefois le plafond de nuages le permet. On s'enfonce ensuite pendant cinq minutes à travers un sous-bois de pins odorants. Puis tout de suite la forêt primaire reprend ses droits le long d'un faux-plat qui nous mène en 30 minutes au pied du rempart. On passera alors au plus près des Trois Salazes. Le sentier grimpe ensuite à flanc de rempart. Cinq minutes suffisent pour atteindre la source Ti-Louis ②, seul point d'eau sur le trajet. Quinze minutes encore et on accède au palier que constitue la plaine des Fraises couverte de joncs et une forêt de bois de fleurs jaunes. Des petites pancartes signalétiques précisent le nom de quelques essences. De là, si on dirige le regard en direction de la crête, on peut apercevoir le ciel de Mafate de l'autre côté du col. Encore vingt à trente minutes, et on passe devant un "bon dieu" (abri pour statuette). Cette portion constitue la dernière chance pour les photos d'ensemble de Cilaos, depuis les remparts escarpés jusqu'à la côte. Il ne reste alors que quelques minutes, pour atteindre le col ③ lui-même en quelques lacets bordés d'acacias ayant débordé de l'autre versant. On se trouve alors à 2 082 m au seul point accessible aux piétons entre deux des plus hauts sommets de l'île, le piton des Neiges (3 070 m) et le Grand Bénare (2 896 m). Taïbit. L'origine malgache de ce nom est une double contraction des mots Taybitro : "crotte de lapin" (tay : excrément, bitro : lapin), et Taim by : "résidus ferrugineux" (be taim by : beaucoup de scories de fer). Avec un peu d'imagination on trouvera, en effet, que les deux

Le village de Cilaos depuis la Roche Merveilleuse. Au fond, vers le sud, les remparts du Dimitille ferment le cirque.

J.-M. R.

Fleur de flamboyant.

CILAOS (Réunion). - La Chaise à porteurs

Coll. Ryckebusch

pitons du Taïbit présentent l'aspect de deux crottes de lapin. Les pentes du Grand Bénare sont surtout recouvertes de scories basaltiques à cet endroit. Il fait rarement bon rester sur la crête elle-même, très souvent balayée par les vents poussant les nuages d'un cirque vers l'autre. A partir du col du Taïbit, on peut se rendre à un promontoire (attention vertige !) pour découvrir le cirque de Mafate dans sa presque totalité et l'îlet de Marla en particulier. Pour cela, on quitte le col et on entame la descente sur Mafate. A quelques mètres, au premier virage, on quitte le sentier pour prendre, à droite, une petite sente. Après avoir profité de la vue, imprenable, on revient sur ses pas et on retrouve le GR R1. La première partie de la descente dure de quinze à vingt minutes et s'effectue en pente douce à l'ombre d'une forêt d'acacias (famille du mimosa). Puis, les choses deviennent plus sérieuse dans la deuxième partie à la pente très accentuée avec un sentier à la fois plus étroit, plus caillouteux, plus glissant et comportant quelques passages pouvant poser problèmes aux personnes sujettes au vertige. Au bas de cette pente rapide, on se trouve en haut de l'îlet de Marla. On passe à proximité d'un réservoir à ciel ouvert, puis on arrive à une intersection. On continue tout droit, laissant à gauche le sentier qui mène à Trois Roches. Le centre de Marla est alors tout proche (gîtes, boutique, maison du gardien ...). Le retour peut se faire par le même itinéraire, mais Marla est aussi un point de départ pour de nombreuses balades dans le cirque de Mafate (voir les balades n° 14, 15 et 16).

Les porteurs de Cilaos

Des trois cirques, seul Mafate demeure aujourd'hui inaccessible en voiture. Aussi, comme le dit la chanson (bal 15), il faut bien du courage pour atteindre à pied le site de Marla. Jusqu'en 1930, date d'ouverture de la route qui mène à Cilaos, il en était de même pour rejoindre les thermes... Certains vieux des Hauts se souviennent encore des expéditions picaresques menées par les curistes pour "prendre les eaux" ou pour profiter simplement de la fraîcheur du climat de Cilaos. Il fallait en effet huit à neuf heures de marche pour atteindre le cirque depuis le lieu-dit "l'Aloès", le point de départ de l'aventure situé à 7 km de Saint-Louis. Mais nos curistes, bourgeois de la ville plus soucieux de soigner leur foie que leur embonpoint, n'éliminaient ni graisses ni toxines dans cette longue et pénible randonnée, car ils appareillaient en chaises à porteurs. Un certain Docteur Auliffe décrivait l'engin ainsi : *"le fauteuil est une chaise basse, grossière, à dossier vertical, munie de bras horizontaux, n'offrant aux pieds d'autre appui qu'une bande en goni*

(toile de jute)... On y est aussi mal que possible". 150 gaillards exerçaient alors à Cilaos la profession de porteur. Le docteur poursuivait ainsi : *"Tantôt, ils vous portent à deux : Aye, Aye la douleur, Aye, Aye la souffrance, et tantôt à six ; quand la fatigue commence, le plus vieux entonne un refrain* : Allons, gais bons matelots, Alli, alli, allô, les canards vont à l'eau, Alli, alli, allô. *Pour faire marcher en mesure ses compagnons, les refrains varient avec la virtuosité de l'improvisateur et au fur et à mesure que les coups de sec (verres de rhum) se multiplient"...* Car il était de règle que l'on offre le coup de sec aux porteurs à chaque halte : au Petit Serré, au Pavillon, au Peter Both et à Cilaos. Le parcours était semé d'embûches mais présentait de magnifiques points de vue. A l'arrivée, les porteurs qui s'étaient relayés à quatre, voire à huit ou à douze selon le poids de leur client, étaient souvent aussi ivres qu'exténués. Les curistes étaient, quant à eux, moulus. Une consolation pour ces derniers : les eaux de Cilaos sont également réputées souveraines contre les rhumatismes.

Morphologie générale
du massif du Piton des Neiges

De forme presque circulaire et d'un diamètre approchant 50 km, le Massif du Piton des Neiges occupe les deux-tiers Nord-Ouest de l'île. C'est un appareil en forme de cône, culminant à l'altitude de 3 069 m et dont les flancs sont inclinés de 7 à 10°. Il est essentiellement constitué d'un empilement important de coulées de laves de 1 à 20 m d'épaisseur séparées ou non par des couches de scories. La caractéristique essentielle de ce volcan est d'être profondément disséquée dans sa région centrale et de montrer trois larges excavations coalescentes, subcirculaires et aux parois abruptes : les

La fleur aux effets hallucinogènes du Datura ou trompette du jugement dernier.

Détail de la carte en relief de la Réunion exposée à la Maison de la Montagne, à St-Denis.

Le Piton des Neiges
3 069 m

Cirques. Ce sont au Sud : le cirque de Cilaos, au Nord-Ouest, le cirque de Mafate, au Nord-Est, le cirque de Salazie. Entre Cilaos et Salazie, on peut voir, à l'Est du Massif, une dépression en partie comblée par les coulées récentes du volcan correspondant à ce qui aurait pu être le quatrième cirque des Marsouins, mais de dimension, il est vrai, plus modeste. Les cirques sont séparés par des arêtes étroites et souvent déchiquetées dont les altitudes dépassent presque toujours 2 000 m. Ce sont en partant du Piton des Neiges proprement dit : le Gros Morne (2 992 m), la Chaîne des Salazes, la crête du Morne de Fourche, le Cimendef (2 227 m) entre Salazie et Mafate, la crête du Taïbit (2 083 m) entre Cilaos et Mafate. Deux sommets importants font la jonction des cirques deux à deux : le Grand Bénare (2 896 m) à l'Ouest au surplomb de Mafate et de Cilaos, et la Roche Ecrite au Nord (2 277 m), à l'abrupt de Salazie et de Mafate. Enfin, quatre rivières principales : la Rivière des Galets (cirque de Mafate), la Rivière Saint-Etienne (cirque de Cilaos), la Rivière du Mât (cirque de Salazie) et la Rivière des Marsouins ("cirque des Marsouins") rejoignent l'océan par d'étroits chenaux creusés dans les flancs du massif.

(Extrait du vol. 1 "A la découverte de la Réunion". Ed. Favory 1982)

A travers les entrailles bien accueillantes du cirque de Cilaos,
dans un décor immense fait de parois vertigineuses,
un spectacle étourdissant de beautés et des points de vue
uniques pendant presque tout le parcours.

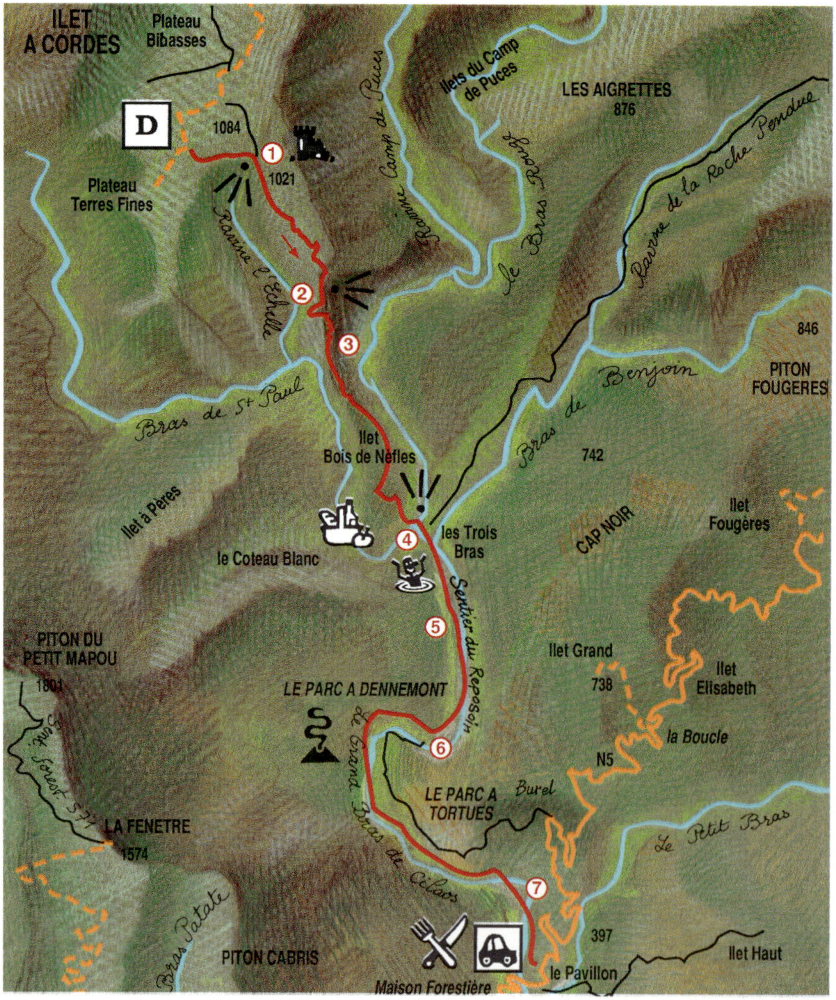

fiche technique

Longueur : 6 km aller
Dénivelé : 700 m
Durée : 3 h aller
Difficulté : Fortes pentes à flanc de falaise pouvant indisposer par le vertige.
Période : Eviter la saison des pluies, car passages de rivière à gué.
Equipement : Randonnée classique mais surtout de bonnes chaussures permettant une bonne adhérence au sol.
Point d'eau : Eau limpide mais précautions d'usage de stérilisation de l'eau.
Balisage : Point bleu entouré d'un cercle blanc
Carte IGN 1/25 000 : n° 4405 R

itinéraire d'accès

A 125 km de Saint-Denis. A 50 km de Saint-Louis.

A partir de la RN 1 aller vers la ville de Saint-Louis, se rendre au centre-ville et prendre l'axe principal où sera indiquée la direction à prendre : Cilaos RN 5. Passé le village de la Rivière Saint-Louis, la route de Cilaos est très reconnaissable à son tracé en lacets à flanc des hautes et impressionnantes montagnes. Bientôt un pont à revêtement métallique précède une charmante petite maison appelée Pavillon. Bien la repérer car c'est ici que se termine la balade, près de l'abri-bus et où la voiture devra vous attendre. Se rendre à Cilaos qui se trouve à une bonne heure de route, toujours à travers ces splendides montagnes, paysages typiques des cirques. On prend la route qui mène à Ilet à Cordes pour se diriger

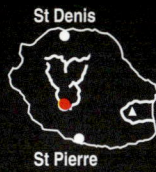

Cirque
de Cilaos

St Denis

St Pierre

vers le sud du village jusqu'au panneau de début
du sentier, très bien indiqué et bien visible, au
plateau Terres Fines. Vous y faire déposer et
donner rendez-vous au conducteur à Pavillon,
dans trois heures au moins.

description

La marche débute sur le plateau d'Ilet à Cordes,
à 1 050 m d'altitude. Faire cette balade dans ce
sens, offre le grand avantage de pouvoir goûter
au charme inouï de ces monts escarpés, vers
sept ou huit heures du matin avant que les
nuages ne viennent les cacher, inévitablement,
chaque jour. Immédiatement, le regard plonge de
part et d'autre vers les gorges profondes des
ravines, mais aussi vers la côte avec Saint-Pierre
en ligne de mire. Le sentier parfaitement balisé,
un point bleu au milieu d'un cercle blanc, longe
des champs de lentilles (les fameuses lentilles de
Cilaos !). Avant d'attaquer la forte pente, on rencontre les ruines d'une ancienne case créole
flanquée d'une étable ①. Toujours bien balisé et
très bien entretenu car encore utilisé par les
habitants du village pour se rendre dans le lit de
la rivière (chasse, herbes de fourrage...), le sentier dit du Reposoir, passe à droite de ces
deux constructions. Dès les premiers mètres, on
comprend mieux les raisons qui ont poussé les
esclaves à aller se réfugier dans cette région peu
accessible. Après cinq minutes, la descente proprement dite commence ; elle n'est pas vraiment
dangereuse, surtout si l'on prend le temps
d'admirer, dans l'ordre, et de gauche à droite : le

*Lever du soleil sur l'Ilet à Cordes, perché à mi-hauteur
du rempart. Une intrusion de roche volcanique
appelée "dyke". Champ de lentilles à l'Ilet.*

Le lit du Grand Bras de Cilaos.

Petit Bénare, le Grand Bénare, les Trois Salazes, le Gros Morne, la chaîne des Salazes, le piton des neiges, le coteau Kerveguen, les sommets de l'Entre-Deux, le Dimitile, le Dôme

de la Chapelle. On repère très facilement, en face, de l'autre côté du Bras Rouge, l'ancien sentier qui fut l'unique voie de pénétration dans le cirque, avant que la route de Cilaos ne fut construite. On reste à la fois admiratif et mal à l'aise au-dessus de ces gorges et devant ces falaises abruptes, travail gigantesque des forces titanesques ayant concouru à l'édification du cirque. Une pensée émue tout de même pour ces ancêtres qui ont longtemps emprunté ces sentiers pour transporter à dos et à tête d'hommes, ravitaillement, matériaux de construction, fourrage, mais dans le sens Pavillon-Ilet à Cordes. On arrive maintenant à

une rampe ②. La descente est plus rapide et les lacets se font plus nombreux et serrés ; l'état du sentier change. Les petits cailloux qui le parsèment rendent les appuis moins sûrs et les passages au bord des précipices sont fréquents et réels. On y rencontre également une végétation de filaos rabougris et de chocas (aloès). On s'approche de Trois Bras car le bruit de l'eau se fait de plus en plus perceptible. On laisse à droite le sentier qui retourne à Ilet à Cordes par le bras de Saint-Paul ③. Il ne faut surtout pas se laisser attirer par le "crépitement" trompeur de l'eau de cette ravine. On continue donc tout droit. La descente de la rampe dure trente

A gauche, le Grand Bras de Cilaos, alimenté par les eaux du Bras de St Paul et du Bras Rouge, a façonné au fil des siècles ce paysage chaotique et somptueux au cœur duquel cet itinéraire vous invite à déambuler.

Ci-dessus le panorama sud-est offert en récompense de l'ascencion du Piton des Neiges (balade suivante). Un regard direct sur le Piton de la Fournaise et son mamelon volcanique.

Qui l'eût cru sous les tropiques : des aiguilles de glace appelées "Pypkrakes" sous vos pas, à l'approche du sommet du bien nommé Piton des Neiges.

minutes. Le sentier est maintenant en pente douce et traverse un champ d'aloès d'un vert des plus accueillants ; mais attention aux pointes acérées de leurs feuilles. On est à Ilet Bois de Nèfles. La présence d'arbres fruitiers tels que jaquiers et manguiers atteste bien que ce lieu a été jadis exploité. Lorsque l'on rencontre les panneaux indiquant Burel 0 h 30 et Ilet à Cordes 1 h 20, on se trouve déjà à Trois Bras ④. La rivière est là. On la voit. On l'entend. On la sent. Les pieds dans l'eau, on est à 450 mètres d'altitude, un impressionnant dénivelé de 500 mètres depuis le départ d'Ilet à Cordes. Le décor est rempli de douce poésie. Le camping à cet endroit n'est pas interdit, nous conseillons même au randonneur de le programmer pour une prochaine sortie, d'autant plus qu'aux alentours trônent toujours le piton des Neiges, le Gros Morne, les remparts. Trois ravines débouchant de profonds canyons, se donnent rendez-vous à cet endroit. A ce confluent, l'horizon s'élargit brusquement sur un vaste champ de galets à l'aspect lunaire. On ne manquera pas de détourner son regard vers l'amont pour profiter du joli spectacle, en temps clair, qu'offrent le Gros Morne et le piton des Neiges. A partir de là, le sentier se confond avec le lit du Grand Bras de Cilaos. Les nombreux ricochets que fait le cours d'eau d'un rempart à l'autre obligent le randonneur à de multiples passages à gué. Enlever les chaussures ici est vraiment dérisoire. Il existe aussi un sentier ⑤, qu'il faut pouvoir repérer (balisage blanc et bleu) et qui permet de progresser sur la terre ferme et à l'ombre, au lieu de se torturer les chevilles sur les galets et en plein soleil. Le sentier ⑥ qui grimpe à flanc de rempart sur la rive gauche, c'est celui qui mène à Burel, sur la RN 5, deux kilomètres au-dessus de Pavillon. L'accès à Burel se faisait par une passerelle (signalée sur les cartes IGN) aujourd'hui emportée par le flot ; elle sera peut-être reconstruite un jour. A cet endroit on rattrape une piste toute neuve qui rejoint le Pavillon coupant plusieurs fois les méandres de la rivière. La rivière emprunte maintenant un étroit défilé au parcours sinueux. Le courant se renforce et les passages à gué sont plus fréquents. Cependant, même les pieds dans l'eau on doit prendre le temps d'admirer les immenses dykes, balafres zébrant la falaise, témoignages physiques des formidables mouvements géologiques ayant secoué cette terre somme toute encore bien jeune. Au sortir de ce défilé, la rivière fait une grande courbe à droite ⑦. On entend les bruits des voitures et bientôt on aperçoit le pont métallique enjambant le Grand Bras de Cilaos. On quitte alors la rivière par la rive gauche en remontant un petit chemin de terre.

Un spectacle grandiose par temps clair. Joies de la marche pour la découverte panoramique de sites époustouflants ainsi que celle de différentes villes de l'île.

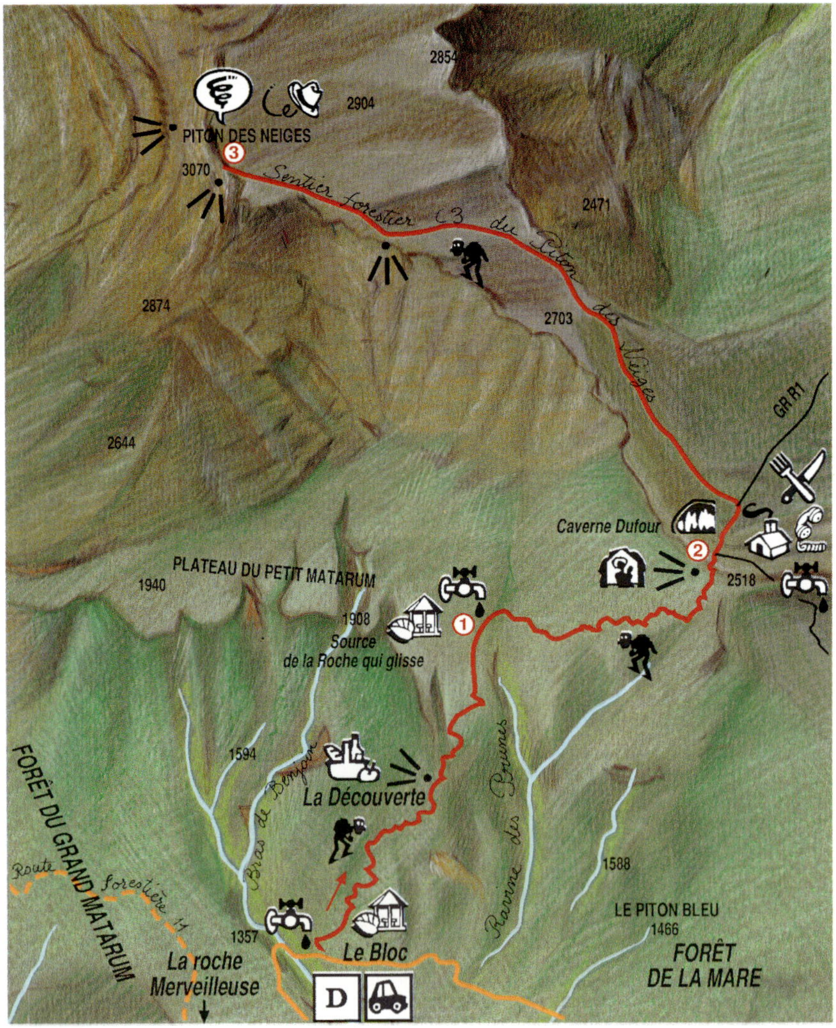

La caverne Dufour à mi-chemin du circuit.

fiche technique

Longueur : 8 km aller
Dénivelé : 1 700 m
Durée : 5 h aller, 3 h retour.
Difficulté : Le dernier kilomètre, montée rude.
Période : Toute
Equipement : Randonnée classique.
Point d'eau : A 2,5 km du départ (Petit Matarum) et à 5 km
Balisage : Rouge-blanc.
Carte IGN 1/25 000 : n° 4405 R

itinéraire d'accès

A 117 km de Saint-Denis. A 38 km de Saint-Louis.

A Cilaos. Ce nom d'origine malgache est une contraction du mot Tsy Ilaozana qui signifie "qu'on n'abandonne pas"" (Iao : racine, ila'ozy : ne quittez pas). Ce point reculé et montagneux de l'île était tenu autrefois par les Noirs marrons. Il constituait pour eux un poste stratégique qu'il ne fallait, coûte que coûte, jamais abandonner.

Cirque de Cilaos

St Denis

St Pierre

Quelle que soit votre provenance par la RN 1 prendre la direction centre-ville de Saint-Louis, et se diriger vers le village de la rivière Saint-Louis et cap sur Cilaos par la RN 5. Pour parvenir au pied du sentier, traverser la ville de Cilaos par la RN 5 et poursuivre en direction de Bras Sec (RD 241). Le sentier se situe, au lieu-dit le Bloc, juste au commencement de la forêt de cryptomérias : impossible de le rater car il est bien indiqué par des panneaux de l'ONF juste sur le parking en bordure de la RD 241.

description

Ce sentier est l'itinéraire classique conseillé aux marcheurs peu expérimentés qui désirent néanmoins aller saluer le piton des Neiges. Seulement 8 kilomètres à parcourir ! Ce qui est vraiment peu en comparaison avec les autres itinéraires possibles. Le sentier est très net, très fréquenté et très bien entretenu. Quelques précautions utiles avant de s'y engager : prévoir une bonne réserve d'eau ; porter des chaussures de marche ; mettre un imperméable dans son sac à dos ; se coiffer d'un chapeau pour éviter les insolations ; prévoir un sachet plastique pour mettre les déchets alimentaires afin de ne pas souiller un si beau site ; porter des vêtements chauds en hiver ; le point culminant se trouvant à 3 070 m, les effets du froid sont multipliés en altitude. En hiver, c'est-à-dire de mai à septembre, il n'est pas rare de rencontrer... par terre des cristaux de glace ou du givre. Dès le départ une montée régulière, entre-

Bien que l'impression soit quelque peu galvaudée, le lever du soleil, observé depuis le sommet du Piton des Neiges, n'en demeure pas moins magique. Le sentier du Piton n'est, certes, pas de tout repos... Mais quel bonheur, le souvenir de l'avoir fait !

F. F.

coupée fort heureusement de petits plats, sollici-te les mollets du marcheur. Après 1,6 km de marche une plate-forme de béton offre un coin de repos propice d'où l'on peut admirer la ville de Cilaos. Après 2,5 km de marche, on parvient au plateau du Petit Matarum, à un point d'eau ① d'une fraîcheur incomparable qui donne "un coup de fouet" au promeneur fatigué. Un tiers du trajet Bloc-Gîte est déjà effectué. Un peu plus haut, à droite, un sentier mène à Mare à Joseph (tout près de Bras Sec). Après le PR 3 (tous les points de repérage ou Points kilométriques en noir sur tache blanche, sont indiqués sur cet iti-néraire), la pente est plus prononcée. La forêt de bois de couleurs des hauts cède peu à peu la place à la forêt de brandes de la végétation éri-coïde (végétation de haute altitude). A une cen-taine de mètres du PR 5, une statue grandeur nature de la Vierge ② apporte du réconfort au randonneur croyant qui s'essouffle. Au PR 5 on découvre le gîte du piton, à environ 300 mètres (faire attention en cas de brouillard, à bien prendre la direction du gîte). Après quelques mètres de marche on laisse sur la droite le sen-tier qui mène à la plaine des Cafres. Après le gîte, on quitte le GR R1 pour emprunter à gauche le sentier forestier du piton. La marche devient plus difficile sur la caillasse sèche à par-tir du PR 6. Quelques mètres après le PR 7, un beau point de vue sur le cirque de Cilaos. Il est important de ne pas s'attarder à admirer le pano-rama car le dernier kilomètre restant à parcourir constitue le "nec plus ultra" de la randonnée : une montée très abrupte "interminable" qui met à rude épreuve les muscles et les nerfs du mar-cheur. C'est dans cette partie que tout prome-neur novice jure que cette balade sera la der-nière ; heureusement ce serment est très vite

Les eaux thermales de Cilaos lithographiées par Roussin au XIXe siècle.

oublié. Vient ensuite un passage à flanc de falai-se impressionnant mais pas vraiment dangereux. Dans cette portion de sentier le regard du ran-donneur ne quitte plus l'antenne placée au som-met et visible de loin. La fatigue de l'ascension est vite oubliée ③. A 3 070 m, on a l'impression d'être juché sur une carte de l'île en relief, une carte où il ne manque que les noms. Le spec-tacle est grandiose. Massifs, pics, crêtes, cols, remparts, ravines, villes, villages, hameaux, îlets ...tout mérite d'être admiré. Selon sa sensibilité ou sa motivation, chacun pourra ou se laisser envoûter ou s'adonner au jeu de l'identification de tous les composants du paysage. Pour com-

pléter le tour d'horizon, on fait un petit crochet en direction de la 2e antenne, 200 m, d'où l'on découvrira - entre autres - une partie de Mafate et Salazie. Ces beautés affranchissent de la fatigue de la montée et préparent à supporter sereinement le retour.

Remarque : il est possible pour ceux que l'important dénivelé rebuterait, de passer la nuit au gîte à réserver à l'avance auprès des syndi-cats d'initiatives et de finir l'ascension le lende-main matin de bonne heure. Avantage : outre la fatigue épargnée, la quasi- certitude d'assister à un lever de soleil féerique et de trouver au som-met un panorama totalement dégagé.

Le thermalisme à la Réunion

Quoique le thermalisme ne soit pas un phénomène très répandu à la Réunion malgré son origine volcanique, la source Manouilh (balade n° 10) n'est pas la seule. Les sources thermales sont toutes situées dans les cirques, si l'on accepte l'idée selon laquelle la source de Bras Cabot se trouve dans ce que les géologues considèrent comme le cirque de la rivière des Marsouins. Vu leurs situations géographiques, il est évident que ces sources furent découvertes en premier lieu par les noirs marrons qui, d'ailleurs, leur attribuaient des vertus malignes. Puis elles furent redécouvertes par les chasseurs de noirs. Enfin, les dates données officiellement par les autorités correspondent à celles de leurs analyses pour exploitation "industrielle". Les décisions d'exploitation dépendaient de la composition, de la température des eaux, mais aussi du débit des sources. La question importante était : "y avait-il de quoi faire se déplacer les foules, vu les difficultés d'accès ?" De ce point de vue, trois de ces sources n'ont jamais et ne seront jamais que des buts de promenade ; il s'agit des sources Piment, Manouilh, Pétrifiante, ces deux dernières se trouvant en plus affligées d'une forte teneur en calcaire. Elles ont en commun avec toutes les autres sources une forte teneur en métaux qui fait qu'elles "rouillent" tout ce qu'elles touchent, ce qui rend leur repérage facile dès lors qu'on se trouve à proximité.

- La source Piment, dans le cirque de Cilaos, n'est rien de plus qu'une baignoire naturelle à ciel ouvert où la bonde serait remplacée par le robinet d'arrivée pour une eau thermale brûlante, probablement, la plus chaude de l'île.
- La source Manouilh (balade n° 11).
- La source Pétrifiante, dans le cirque de Salazie coule dans une petite grotte d'accès difficile. Le point commun avec la source Manouilh réside en la présence de concrétions calcaires (étonnante ressemblance à des stalactites).

Toutes les autres sources, à débit beaucoup plus important et aux eaux moins calcaires, ont joué un rôle dans la vie sociale ou économique de l'île.
- Les sources du bras Cabot se trouvent sur un affluent de la rivière des Marsouins. Découvertes en 1870 elles constituèrent le gagne-pain des gens les plus défavorisés de la plaine des palmistes qui allaient chercher de son eau à raison de trente à quarante bouteilles, deux fois par jour (un marcheur moyen, sans charge excessive, ne couvre pas l'aller-retour en moins de huit heures !). Cette eau à boire, proche par sa composition de celles de Vals ou de Saint-Galmier, était ensuite vendue dans toute l'île. "Si tu ne viens pas à l'eau, l'eau viendra à toi !" telle aurait pu être la devise de cette source bien mal située.
- Les sources de Mafate se trouvent dans le cirque du même nom. Découvertes en 1853, elles produiraient une eau proche de celles de Barges ou de Luchon et étaient particulièrement indiquées pour les affections de la poitrine et les rhumatismes. Elles ont été un endroit à la mode, très fréquenté, au point d'avoir été à l'origine du CD 2, (route départementale 2), joignant la rivière des Galets à Mafate. Les curistes le parcouraient à cheval puis en chaise à porteur ou "manchy". C'est tout récemment qu'il a été déclassé en sentier. Il n'y a pas si longtemps, alors que les autres sentiers de Mafate étaient régulièrement entretenus par les usagers eux-mêmes, alors que l'entretien du CD 2 revenait à une équipe de cantonniers basée à Grand Place et qui attendait le déblocage des crédits avant d'entreprendre la moindre réparation. En 1913, l'effondrement d'un pan du Bronchard provoqua la disparition des sources et un gonflement des eaux qui emporta le village entier, heureusement sans faire de victime. Dans le cas d'Hell-Bourg (cirque de Salazie), c'est le village lui-même qui doit son existence à la découverte de ses eaux thermales en 1832. Elles étaient recommandées contre l'anémie et les affections du foie et de l'estomac. Le site fut fréquenté bien avant la construction du premier établissement thermal en 1852. La prospérité de la station dura jusqu'en 1920, profitant du fait que le site thermal de Cilaos resta longtemps difficile d'accès. Puis, après diverses vicissitudes (éboulements, routes emportées...) elle connut le pire en 1948, lorsque le cyclone enfouit ses sources à tout jamais. Les vestiges des thermes subsistent et restent visibles sur le GR R1 entre Hell-Bourg et Ilet à Vidot.
- Cilaos possèdent les seules sources exploitées actuellement. Elles ont été découvertes très tôt (1819) et ont, elles aussi, contribué, à l'instar de celles d'Hell-Bourg, à la naissance et au développement du village. En 1836, on entreprend un tracé pour aller aux sources. Il sera ouvert en 1845 mais restera toujours dangereux (une partie de ce tracé reste visible sur le rempart du Cap Noir lorsqu'on emprunte le début du sentier Ilet à Cordes-Pavillon (balade n° 18). En 1855, on monte un premier établissement thermal, très sommaire : les baignoires sont creusées à même la terre au pied de chaque source, à l'abri d'une paillote. Mais la station gagne tout de même en notoriété et connaît son apogée en 1920 au détriment d'Hell-Bourg. Une route carrossable sera établie de 1927 à 1932. Viennent ensuite les constructions du Grand Hôtel, des thermes de Cilaos et de l'église entre 1935 et 1937. Ces diverses réalisations ont permis l'émergence de la vocation touristique du cirque. Heureusement, car en 1948, le cyclone, encore lui ! détruisit entièrement les thermes mais pas les sources. Ils durent être restaurés puis carrément reconstruits après de nouveaux forages en 1987. Cette fois-ci dans le village même, juste derrière le Grand Hôtel. Ils apportent un plus à la vocation touristique affirmée de cette commune (vin, lentilles, broderies...).

Toutes ces sources, présentes ou passées, se situent dans le vieux massif volcanique, celui du piton des Neiges, là où le volcanisme est en sommeil depuis fort longtemps.

A mi chemin entre Saint-Denis et Saint-Pierre, cette plongée vous permet de compléter vos circuits pédestres dans les Hauts par une halte fraîcheur sous l'eau, autour du site corallien le plus coloré de la Réunion.

fiche technique

Profondeur : de 8 à 30 m
Durée : de 30 mn à 1 h
Difficulté : aucune avec accompagnateur.
Le site ne subit de surcroit aucun courant
Equipement : maillot de bain. L'appareillage technique (bouteilles, palmes, ceintures, etc...) est fourni par le club de plongée Korrigan Ar Mor qui vous accueille pour cette balade.
Période : toute l'année

itinéraire d'accès

Prenez la RNI jusqu'à Saint-Leu puis suivez à l'entrée du bourg le bord de mer jusqu'au petit port de pêche. Après avoir été équipé de bouteilles, comptez quinze minutes de trajet agréable sur le bateau du club pour rejoindre le site de plongée.

description

La balade sous-marine débute au-dessus d'un plateau corallien très riche en couleurs à quelques 8 mètres de fond. La progression s'effectue en direction du large en suivant de spectaculaires gorges façonnées par le corail que l'extrème limpidité de l'eau permet de découvrir dans toute leur longueur. Un monde grouillant de vie s'offre ici, le long des tombants, à votre curiosité : nuée de poissons multicolores tels que les perroquets (verts et bleus), les chirurgiens (jaunes, gris), les poissons-anges, les papillons et les demoiselles (zébrés ou ocellés), les coffres (aux formes cubiques, jaunes à pois noirs, ils sont aussi appelés "pois chiches"), les mérous (rouges), les rascasses tropicales (rougeâtres et déployant leurs nageoires en forme de plumes), les balistes (au regard éternellement ébahi et à la licorne rabattue), les murènes (mouchetées de blanc et toujours à l'affut sous les coraux), etc. Hormis les mérous, les rascasses et les murènes carnivores, cette faune s'avère peu farouche lors de votre rencontre et se nourrit exclusivement de corail qu'elle broute à l'aide d'un petit bec caractéristique. Plus en avant vers le large, à 25 ou 30 mètres de fond, ces petits poissons cèdent la place à des habitants aux dimensions plus conséquentes. Les plongeurs confirmés ont alors le plaisir d'observer des raies prenant leur envol à leur passage, et subissent souvent le regard inquisiteur de quelques gros barracudas en suspension au dessus de leur tête (rois de l'esbroufe, ils sont plus effrayants que dangereux). Des souvenirs impérissables. Les coraux qui modè-

lent le paysage sous-marin sont de formes variées et surprenantes. On distingue aisément les acroporas à leurs ramifications en forme de bois de cerf, les cerveaux de Neptune à leurs formes sphériques sillonnées de circonvolutions bizarres et régulières, les coraux de feu dentelés à leur couleur moutarde ou vieil or, les Pocillopora verrucosa roses à leurs nombreuses excroissances en forme de verrues, etc. Au passage, rappelons aux plongeurs qu'il est préférable d'éviter le contact avec les coraux dont les aspérités s'avèrent particulièrement coupantes et irritantes. Des gorgones-éventails bleues ou orangées, des anémones, des étoiles et des chenilles de mer, complètent le décor. Enfin, en observant les fonds lors du retour vers le point de mouillage, vous pouvez repérer de superbes coquillages aux formes surprenantes, tritons, porcelaines, cônes, murex, mitres... Mais attention, le site est décrété protégé. Il est ainsi interdit d'extraire quoi que ce soit de ce merveilleux univers sous-marin.

KORRIGAN AR MOR

DÉCOUVERTE · FASCINATION

AVENTURE

Cette balade sous-marine vous est proposée par le club de plongée **KORRIGAN AR MOR** à Saint-Leu. Pour plus d'informations n'hésitez pas à contacter les professionnels qui animent ce club, dont Pascal Raimbaud, le sympathique directeur, au **19 (262) 44 20 13**.

De haut en bas : "deux poissons-bannières", une murène et une splendide rascasse tropicale.

Dominant les plaines littorales et de l'Entre-Deux, ce sentier peu fréquenté conduit à l'un des plus beaux points de vue sur Cilaos. Un circuit en forme de fourche au dénivelé important.

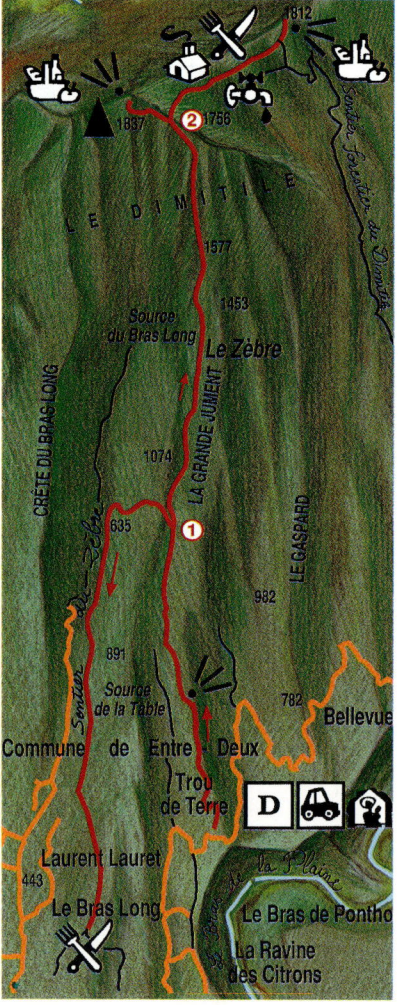

fiche technique

Longueur : 15 km aller-retour
Dénivelé : 1 250 m
Durée : 7 h aller-retour.
Difficulté : Moyenne mais sentier très glissant en cas de pluie et à déconseiller aux personnes sujettes au vertige.
Période : Toute
Equipement : Randonnée classique.
Point d'eau : Néant
Balisage : Grande Jument - Dimitille : néant Zèbre : bleu marine
Carte IGN 1/25 000 : n° 4408 R et 4405 R

itinéraire d'accès

A 91 km de Saint-Denis. A 16 km de Saint-Louis.

Sur la voie rapide Saint-Louis - Saint-Pierre, atteindre le carrefour de Pierrefonds. prendre la direction Entre-deux (RD 26). Après ce village, dépasser le hameau "Ravine des Citrons". Continuer à monter jusqu'à atteindre un virage à l'extérieur duquel est construite une petite chapelle blanche dédiée à St-Expédit (ces chapelles sont très nombreuses à la Réunion). On est à 4,8 km de l'Entre-Deux. Une pancarte ONF indique "Sentier de la Grande Jument, le Zèbre 3,5 km". Il s'agit du départ de la Randonnée du Dimitille. Garer la voiture à la sortie du virage, à droite, sur le bas côté.

Remarque : l'accès au Dimitille est maintenant possible en 4 x 4 (se renseigner à la mairie de l'Entre-Deux). Nous avons volontairement négligé de décrire l'itinéraire "classique", par la chapelle, mentionné sur les cartes IGN, bien qu'il soit le plus aisé et le plus court. Il nous semble en effet avoir perdu de son charme, entrecoupé comme il l'est à présent, de portions de piste empruntée par les véhicules 4 x 4. C'est néanmoins une possibilité : prévoir dans ce cas pour le retour un véhicule au départ du sentier dit "de la Grande Jument" (voir ci-dessus - 4,8 km de la mairie de l'Entre-Deux) ou bien au point d'arrivée de l'itinéraire que nous décrivons (voir retour).

description

On emprunte la piste de terre qui donne accès aux quelques maisons du vallon. Large, mais difficilement carrossable, elle longe une zone cultivée. Après 300 m environ, à l'intersection, on prend à droite. Bientôt la piste se mue en sentier, dont la pente petit à petit s'accentue. Il monte par paliers au milieu des goyaviers et des bibasses. Puis il emprunte un "rein" (crête) sur lequel la végétation moins abondante permet d'observer le paysage : devant soi, vers le haut, des crêtes quasi parallèles, acérées, et entrecoupées de profondes ravines. En regardant derrière soi, on comprend immédiatement l'appellation "Entre-deux" donnée à ce triangle de verdure enchâssé entre le bras de Cilaos et le bras de la Plaine. De jolis points de vue également sur les régions de Saint-Louis, de Saint-Pierre et du Tampon. Le sentier devient par endroits très étroit, et une sensation aérienne envahit le randonneur perché sur une crête entre deux pro-

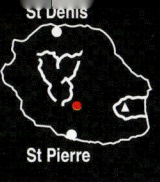

fondes ravines. La végétation change rapidement avec l'altitude : orchidées, fougères arborescentes (fanjans), brandes* démesurées,
vacoas, buissons de fleurs jaunes, tamarins des
hauts. Un court passage escarpé demande
quelques précautions. Le sentier devient une
vire, très étroite, cheminant à flanc de coteau.
Le dénivelé, jusqu'au fond de la ravine, sur la
gauche est impressionnant. Le talus est couvert
de "sabres marrons" dont les longues et larges
feuilles courbées viennent vous caresser le visa-
ge. On parvient après 3,7 km et 2 h de marche à
une intersection où un panneau signale "Le
Zèbre" ①. On laisse sur la gauche ce sentier
(qui sera notre itinéraire de descente), et l'on
poursuit la montée en forêt, et toujours à flanc
d'un rempart bordé de sabres marrons, sur un
sentier étroit et parfois pentu. Une fois sorti de
la forêt le sentier longe des pâturages dominant
de quelques mètres un petit vallon et l'on parvient après 1 h 15 - 1 h 30 de marche (depuis
l'embranchement du "Zèbre") à une nouvelle
intersection. On prend alors à gauche un raidillon en direction du "bord de Cilaos" ②. C'est
un premier point de vue sur le cirque de Cilaos.
Le belvédère permet d'admirer le résultat des
efforts d'une nature fougueuse : falaises, plateaux en

Large panorama vers le nord sur le cirque
de Cilaos depuis le Dimitille : au fond le
Grand Bénare, le col du Taïbit et les
Trois Salazes. Vers le sud, le regard
plonge vers l'embouchure de la
rivière St Etienne, St Louis,
St Pierre et
l'océan Indien

Qui veut bien
me dire ce que
je viens faire ici ?

J.-M. R.

Le Bonnet de Prêtre et le Peter Both. Toponymie toujours imagée à la Réunion, il est à penser qu'un certain Pierre fit l'ascension du Dimitille malgré une rage de dent pour que les géographes des temps anciens retiennent son nom...

Des mots pour le bois des bois pour les maux (bal. suivante)

Bois de fer, bois des remparts, grand natte et corce blanc... Il est aisé de retrouver dans les appellations toujours imagées du créole, la forme ou la propriété. Ainsi, le bois l'osto, selon son nom plante médicinale par excellence, est-il réputé souverain en décoction contre les ulcères et le diabète, tonique musculaire puisque riche en vitamine D, il accompagne aussi dans certains foyers le bain des enfants en âge de marcher. Dans le même ordre d'idées, une tisane à liane savon a la propriété de laver les intes-

M. Vincent Nativel.

lambeaux, canyons et ravines. On domine à 1 837 m d'altitude différents îlets : Palmiste Rouge, Peter Both, Ilet à Cordes, Bras Sec et la ville de Cilaos. En face, on découvre de gauche à droite le rempart des Makes, le Grand Bénare, le Gros Morne et le piton des Neiges. On aperçoit aussi les gorges creusées par les différentes rivières qui vont former le bras de Cilaos, ainsi que le tracé époustouflant et sinueux de la route du cirque où circulent des automobiles miniatures... Tournant le dos au cirque on embrasse d'un coup d'œil tout le sud-ouest de l'île. L'endroit est idéal pour une pause que l'on prolongerait volontiers... De ce belvédère, il faut revenir sur ses pas pour retrouver l'intersection des trois sentiers ②, au pied du raidillon. On prend alors à gauche pour se diriger vers un autre point de vue, tout aussi impressionnant que le premier. (Compter trente minutes de marche). Ces belles images enregistrées, on fait le trajet inverse pour aller vers sa voiture. Le retour peut aussi se faire par le sen-

tier du Zèbre : à l'intersection "Zèbre -Grande Jument" ①, on prend alors à droite, en épingle, et l'on suit le sentier du Zèbre. Il est également étroit et vertigineux par endroits. Après avoir serpenté à flanc de rempart, on marche sous la frondaison de la forêt de bois de couleurs. On peut, à la saison (mois de juin-juillet) trouver le long du sentier des goyaviers blancs, espèce rare et succulente. On atteint un vallon, puis on progresse sur un sentier en corniche d'où l'on domine, à droite, l'Entre-Deux. Après une série de marches épousant une descente assez raide, on arrive à hauteur d'un réservoir et de la table d'hôte de Madame Fontaine. Pour le retour, si l'on a choisi de redescendre par le Zèbre laisser une voiture soit à l'intersection de la RD 26 et du chemin Pifarély (1,4 km de la mairie de l'Entre-Deux, dans un virage à droite, un panneau de l'ONF indique "Dimitile via Zèbre") soit, cela épargne 1 km de marche au bout du chemin Pifarély, près du réservoir et de la table d'hôte de Madame Fontaine.

tins, le bois demoiselle est un remède contre la culotte de cheval et l'obésité, le bois jaune lutte toujours contre la fièvre bien que la fièvre jaune n'endeuille plus la Réunion depuis un siècle, les fleurs et la tige d'une orchidée sauvage nommée fahame calme en tisane les douleurs mensuelles des femmes et sert curieusement par ailleurs à "arranger" le rhum des hommes. A ceux-ci s'ajoutent encore les remèdes suivants : pour calmer les coliques, prendre en tisane des bourgeons de goyaves marrons ; contre la toux, boire une décoction de pattes de poule (le nom de cette plante vient de la forme de ses feuilles) ; on extrait du zambaville blanc une lotion contre les rhumatismes, un bain de pied au branle blanc est efficace contre les maux de tête et la gueule de bois ; le bois cassant en tisane active la circulation du sang ; etc.

Une collecte de ces bois, de ces remèdes, est effectuée chaque semaine par quelques marchands des hauts. Ainsi, affaibli par la douleur, il est inutile de vous lancer en forêt pour reconstituer votre pharmacie, faites-vous conseiller et approvisionnez-vous directement sur les étals dressés par endroits le dimanche matin, comme sur la photo ci-contre, celui de monsieur Vincent Nativel sur le belvédère de grand Bassin à la plaine des cafres. A son catalogue nous retrouvons ici :

① Le bois de kiwi, utilisé contre les varices.
② Le bois jaune.
③ Des sacs d'herbes pour "arranger" le rhum, contre les "saisissements" (fièvres de cheval).
④ Le bois pion, contre les rhumatismes.
⑤ Le bois rond, contre les calculs rénaux.
⑥ Le bois demoiselle.
⑦ Le bois l'ostos.
⑧ La liane savon.

J.-M. R.

Au fond de la gorge encaissée du Bras de la Plaine, cette chute demeure un des rares sites hors cirque de Mafate, à ne pouvoir être accessible en voiture. Une chance pour les randonneurs

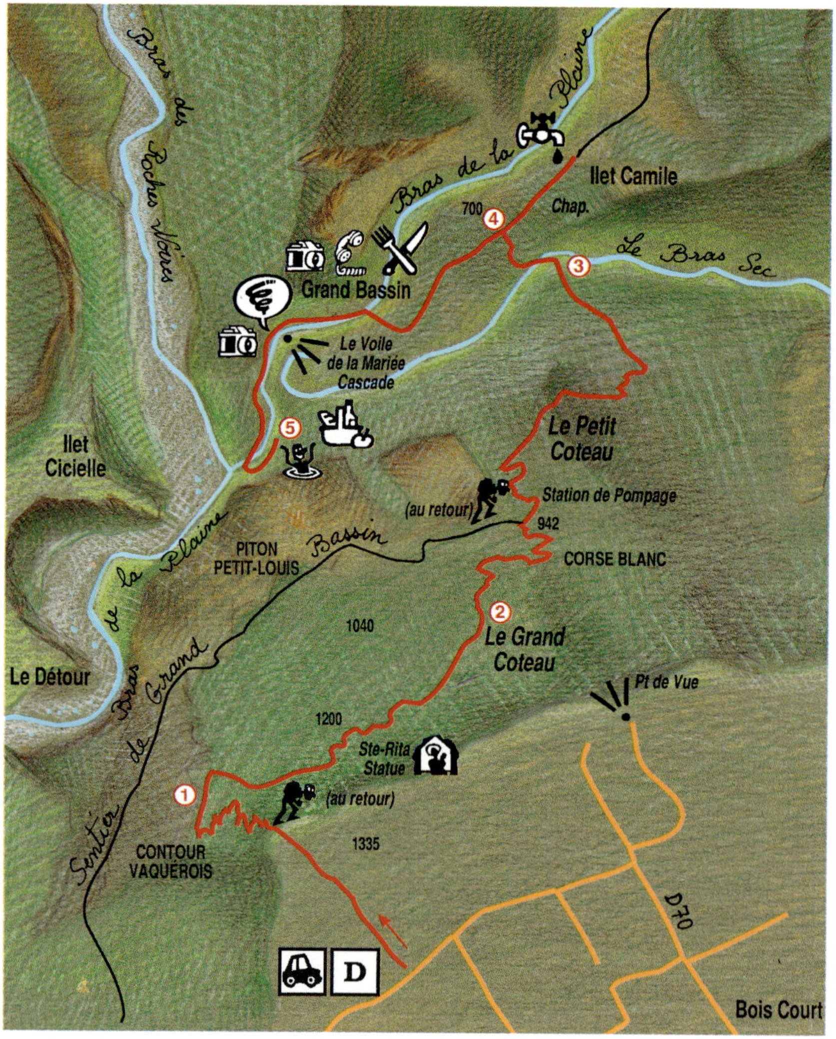

fiche technique

Longueur : 10 km aller-retour
Dénivelé : 645 m
Durée : 2 h aller, 3 h retour
Difficulté : sujets au vertige, s'abstenir
Période : toute
Equipement : randonnée légère
Point d'eau : à Grand Bassin
Balisage : néant
Carte IGN 1/25 000 : n° 4405 R

itinéraire d'accès

A 76 km de Saint-Denis par Saint-Benoît.
A 114 km de Saint-denis par Saint-Pierre.
A 28 km de Saint-Pierre.

A partir de Saint-Pierre ou de Saint-Benoît, emprunter la RN 3 pour se rendre au village de la plaine des Cafres au vingt-troisième kilomètre. Là, en plein centre du village, prendre la RD 70, autrement dit la route de Bois Court qui part en face de l'église et aller, tout au bout, jusqu'au point de vue pour admirer Grand Bassin. Puis, faire demi-tour et prendre la première route qui descend sur la droite à deux cent cinquante mètres du point de vue. Rouler à peu près cinq cents mètres jusqu'au panneau indiquant le départ du sentier. Garer son véhicule le mieux possible.

description

La première pensée qui vient à l'esprit en parcourant les dernières centaines de mètres en voiture, c'est de se demander si on est toujours sous les tropiques ici, avec cet air frais, ces pâturages, ces vaches... Le dépaysement est

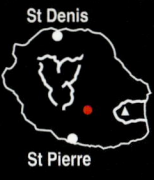

Deux aspects de la chute.

presque total. Le sentier part tout droit en direction du rempart, passant entre une haie d'acacias et des pâturages. Arrivé au bord, il effectue un virage à gauche et longe un moment le haut de la paroi avant de plonger résolument à flanc de falaise. Et c'est parti pour une heure de rude descente avec d'un côté la paroi et de l'autre une vue permanente sur le fond de la rivière. La descente peut donc se décomposer en plusieurs parties : la première, rapide, avec vue sur le bras de la Plaine en aval du village de Grand Bassin ①, une deuxième partie constituée d'un long faux plat qui nous fait "remonter" jusqu'à l'aplomb du point de vue de Bois Court ②, c'est au milieu de ce tronçon qu'on pourra éventuellement faire ses dévotions à Sainte-Rita. Enfin, le troisième tronçon se remet à plonger brutalement et constitue la partie la moins sûre du trajet avec ses cailloux qui roulent sous les chaussures. Il mène à une station de pompage qui relaie l'eau en provenance des sources du Pont du Diable vers la crête avant d'aller alimenter la région du Tampon. Ce point correspond en gros à la moitié du dénivelé. Le reste de la descente continue sur la même pente accentuée et conduit rapidement, sur une partie plus abritée par de la végétation, des bibassiers en particulier, jusqu'au fond, à hauteur d'une passerelle métallique qui constitue l'entrée du village proprement dite ③. La passerelle franchie, on a droit tout de suite à une table d'hôte, la première d'une série de trois pour le moment, l'économie du coin s'étant résolument tournée vers le tourisme de passage. Une grimpette d'une dizaine de mètres et on a l'impression d'entrer dans un autre monde, fait d'ombre et de fraîcheur, tant le couvert végétal est important dans les cours, derrière ces murettes de pierres sèches simplement entassées qui délimitent des ruelles à la propreté

impeccable. Ce couvert végétal, à base d'arbres fruitiers et "treilles" de raisin ou de chouchou, laisse deviner l'ancienne activité principale du coin : les fruits et légumes, avec un échantillonnage de produits assez étendu pour être sûr d'avoir toujours quelque chose à vendre tout au long de l'année, là-haut, au point de vue ou à la plaine des Cafres. De nos jours, le transport des marchandises se fait (uniquement pour les habitants du coin) par un monte-charge, les choses sont donc rendues plus faciles. Mais, il n'y a pas si longtemps, tout se passait à dos d'homme, à raison de trente à quarante kilos par personne. Jugez plutôt : un panier en équilibre sur la tête, une "bertelle" sur le dos et une soubique à chaque

main, tous remplis de choses aussi différentes que chouchous, ananas, agrumes divers, brèdes diverses, letchis, longanis, bibasses, haricots, maïs, raisins, avocats, bananes, prunes "malgaches", songes, mangues, goyaviers... sans compter les herbes tisanières telles que bois de gaulette, d'arnette, d'osto ou de rongue... Ce marché se tient toujours au point de vue, mais plutôt les week-ends ou les jours fériés.

Remarque : il est tentant de vouloir grappiller l'une ou l'autre de ces bonnes choses, mais attention, tout appartient forcément à quelqu'un. Ne touchez donc à rien sans la permission du propriétaire.

Au bout de cette ruelle ombragée, une intersection ④ : on tourne à gauche et on descend le bras Sainte-Suzanne avec immédiatement à gauche, une deuxième table et chambre d'hôte, l'école avec en face un sentier menant au camp qui a abrité les acteurs de la construction de la canalisation du Pont du Diable, et tout au bout de ce premier palier, une troisième chambre d'hôte. C'est par là qu'il faut passer si l'on veut arriver à la cascade du Voile de la Mariée, visible de très loin et qui se jette dans le grand bassin qui a donné son nom au village. On descend un petit dénivelé d'une dizaine de mètres, on traverse un deuxième palier avant de plonger jusqu'au bras Sainte-Suzanne qu'on franchit à gué pour suivre ensuite sa rive droite jusqu'en haut de la cascade. Attention, vertige ! L'accès vers le bas se fait en suivant une ligne de crête, glissante à souhait, jusqu'au fond ⑤. Là se trouve un autre bassin où on peut aussi se baigner, contrairement au Grand Bassin lui-même qu'on ne peut approcher sans affronter auparavant une petite tempête permanente et chargée d'embruns, provoquée par la chute d'eau. Bon pique-nique et bonne remontée (compter trois heures, à partir du bassin !)

Une zone pastorale dans la région du volcan, c'est inattendu. Des pâturages piquetés de cônes adventifs, ça l'est encore plus. Mais le spectacle qu'offre ce cratère...

fiche technique

Longueur : 3,6 km aller-retour
Dénivelé : 200 m
Durée : 2 h 30 aller-retour
Difficulté : néant
Période : toute
Equipement : randonnée légère
Point d'eau : néant
Balisage : néant
Carte IGN 1/25 000 : n° 4406 R

itinéraire d'accès

A 93 km de Saint-Denis par Saint-Benoît.
A 125 km de Saint-Denis par Saint-Pierre.
A 39 km de Saint-Pierre.

Emprunter la RN 3 de Saint-Benoît ou de Saint-Pierre jusqu'à la plaine des Cafres, au Vingt-sep-tième (Bourg Murat) ; face aux deux libres-services, emprunter la route touristique du Volcan. Elle débute juste à côté du musée du Volcan.

Après le virage à gauche, prendre à droite à l'intersection, puis encore à droite à la deuxième intersection. La route va ensuite tout droit au milieu des ajoncs (appelés ici genêts). A l'intersection suivante, prendre à gauche, un panneau indique la voie à suivre : route du Volcan. Elle est bitumée jusqu'au Nez de Bœuf où, si le temps le permet, vous pourrez avoir une vue sur les gorges de la rivière des Remparts. La piste est maintenant revêtue par section. Au PR II de la route du Volcan (RF 5), après l'embranchement du piton Textor, prendre à gauche la route forestière 44. Vous êtes à l'altitude 2 140 m. Un panneau de l'ONF signale que l'utilisation de la route se fait "aux risques et périls de l'usager". Rien de méchant, cependant excepté quelques nids de poule. Au bout de 5,4 km une barrière se dresse : garer votre véhicule. Ne pas aller plus loin avec le véhicule, même si la barrière est ouverte (amende - cadenas).

description

Une fois la barrière franchie, on pénètre dans une zone de pâturage. Ce n'est pas un sentier, mais une route en terre autorisée uniquement aux propriétaires des vaches que vous aurez l'occasion de rencontrer tout au long de cette balade. Cette zone, en cours d'aménagement, vise à faciliter, pour les éleveurs, la surveillance et les soins ; la route bordée de brandes d'ajoncs et de fleurs jaunes descend régulièrement. Tout en marchant, on aperçoit, en contrebas plusieurs cônes : pitons de Tangues, de Moutabismens, des Cochons, piton Brède, signe que cette zone aujourd'hui d'enclos et de pâturages fut autrefois un lieu d'intense activité volcanique. Des cailles, des tui-tui (oiseaux en voie de disparition) ou peut-être quelques lièvres vous surprendront au cours de

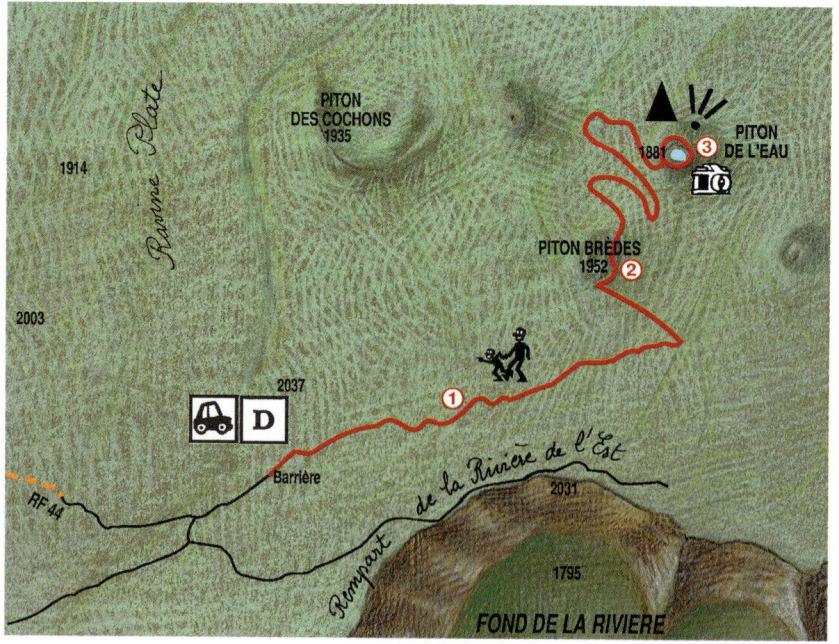

Région
du Volcan

votre marche. Parfois, une papangue, rapace local, s'élèvera dans le ciel et entamera un long vol plané au-dessus des pâturages. Cette route pastorale se rapproche du rempart de la rivière de l'Est. A l'endroit le plus proche de la falaise, on passe à côté de deux petites maisons ①. Les éleveurs entreposent là leur matériel. Tout autour sont installés des mangeoires, des abreuvoirs et autres systèmes pour les soins aux animaux. A l'approche du piton Brèdes ②, il est possible de couper à travers bois en l'absence de clôtures : ces raccourcis rompent la monotonie du chemin, permettent d'apprécier le sousbois et éventuellement de cueillir des framboises. On contourne le piton Brèdes, et au bout de la route, on se trouve au pied du piton de l'Eau, qui se situe sur la gauche. Un petit sentier mène au sommet en deux minutes ③. Bois de mapou, bois de nèfles et mahots sont quelques unes des essences qui peuplent les flancs de ce cône comme ceux de ses voisins. En haut de ce cône, le cratère. Mais on est bien loin du piton de la Fournaise : à l'intérieur, pas de lave, pas de gratons, pas de scories... C'est une adorable petite mare enchâssée dans un écrin de verdure et ceinte d'une couronne d'arums qui s'étale sous vos yeux étonnés. Cadre idyllique pour un pique-nique, invitation au repos et au rêve. Ce petit lac, au demeurant profond, ne contient pas de poissons, sauf quelques guppys, par la faute de vandales irresponsables qui ont annihilé tous les efforts de peuplement de l'ONF à coups de dynamite. Après une pause que l'on prolongerait bien volontiers, on revient par le même itinéraire.

Le chemin du Piton de l'Eau avec en arrière-plan, émergeant des nuages baignant la Plaine des Cafres, le Piton des Neiges. Le Piton de l'Eau. Des genêts appelés ici des "z'épinards", parce que plantes à z'épines...

A l'origine partie intégrante du tout premier piton de la Fournaise, la rivière des Remparts est née d'un effondrement, qui a été ensuite comblé avant d'être fortement façonné par le lent mais formidable travail de l'eau. Une telle genèse ne pouvait certes engendrer la monotonie dans les paysages avec ces gorges profondes de 1 000 mètres en moyenne. En somme, une rivière sans eau, malgré la profusion de cascades qui l'alimentent, à cause d'un sol trop perméable.

fiche technique

Longueur : 23 km (prévoir récupération au Dépôt dans les hauts de Saint-Joseph)
Dénivelé : 1 920 m
Durée : 9 h aller
Difficulté : trajet très long, passages glissants surtout au début
Période : toute
Equipement : randonnée classique
Point d'eau : source d'Eboulé Rouge, Roche Plate et cascade des Trois sources
Balisage : blanc
Carte IGN 1/25 000 : n° 4406 R et 4409 R

itinéraire d'accès

A 84 km de Saint-Denis par Saint-Benoît.
A 122 km de Saint-Denis par Saint-Pierre.
A 36 km de Saint-Pierre.
A partir de Saint-Benoît ou de Saint-Pierre, prendre la RN 3 jusqu'au village de Bourg Murat (plaine des Cafres 27 km), prendre ensuite la route touristique du Volcan (RF 5) jusqu'à peu après le PR 6, au belvédère du Nez de Bœuf ①. S'arrêter pour jouir du spectacle qu'offre ce point

sur toute la partie haute de la rivière des remparts que vous allez bientôt descendre. Continuer en voiture. Peu après le PR 8, le sentier part sur la droite, indiqué par un panneau ONF.

description

Moins de 200 m à parcourir sur ce petit plateau ② situé entre le Nez de Bœuf (2 136m) et le piton dans l'Bout (2 188m), et on arrive sur le bord du rempart au milieu d'une végétation éricoïde de haute altitude à base de branles. Un virage à gauche et on plonge à flanc de rempart en direction du fond de la gorge par un sentier abrupt. On devra alors veiller à ses appuis sur les rochers glissants qui font très souvent office de marches d'escalier. Presque tout de suite, la végétation éricoïde se métamorphose comme d'un coup de baguette magique, et fait place à une forêt de bois de couleurs des hauts. Mais juste avant, à flanc de remparts, seuls les spécialistes repéreront quelques Heterochaenia rivalsïï, arbustes à latex, non ramifiés, dont l'allure générale rappelle celle de jeunes bois de chandelle et qui poussent à l'ombre des branles. Cette plante, rare naturellement, a été récemment classée par les botanistes parmi les trente-

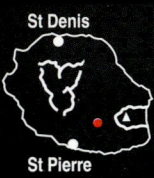
neuf vulnérables, menacées à plus ou moins
long terme (voir "Flore en détresse" de
Dupont/Girard/ Guinet). En revanche, point n'est
besoin d'être bien savant pour apprécier le côté
fleuri de certaines portions du sentier dont les
abords croulent sous les hortensias et fuschias
qui forment parfois de véritables tunnels de verdure. On prend pied, en moins d'une heure, sur
le fond de la gorge, quelque 450 m plus bas. On
traverse tout de suite le lit généralement à sec
de la ravine Citron Galet et on se trouve alors
pendant quelque temps sous le couvert d'une
forêt humide de bois de couleurs des hauts aux
branches et aux troncs moussus et recouverts
d'épiphytes. On se trouve au lieu-dit Mapou qui
n'a pas volé son nom. C'est presqu'une forêt
mono-espèce, ce qui est rare dans les forêts
réunionnaises, où de nombreuses essences se
côtoient sans que l'une ou l'autre ne domine
vraiment par le nombre. Ici on progresse dans
une véritable forêt de bois de mapou (Monimia
sp) aux individus géants. On continue à descendre dur sur ce sentier qui n'est pas plat du
tout, comme on aurait pu le croire lorsqu'on le
regardait du belvédère du Nez de Bœuf, plus de
mille mètres au-dessus. Tout le fond de la rivière
est constitué d'une coulée volcanique du cratère
Commerson, et à aucun moment les chaussures
ne s'enfonceront dans la gadoue comme c'est le
cas ailleurs dans les forêts de ce type. Sans que
la pente générale ne change beaucoup, on
dépassera la pente du Nez de Bœuf. peu avant
une passerelle, précédant le Grand Défriché, un
sentier part sur la gauche ③ et mène en dix

Depuis le belvédère du Nez de Bœuf, le regard plonge
au fond de la plaie jusqu'à l'océan. Profitez-en pour
lire, in situ, l'ensemble de l'itinéraire
de cette somptueuse balade.

J.-M. R.

Vers le village de Roche-Plate.

L'éboulis de Mahavel.

minutes au milieu d'une végétation touffue, au pied du rempart. Là, se trouve un bassin alimenté par une petite cascade mais aussi par de nombreuses sources subaquatiques qui produisent un effet d'optique ; on a vraiment l'impression que le fil de l'eau remonte vers la cascade ; une curiosité qui vaut le détour, sans compter que cet endroit constitue un point d'eau souvent éventuel et qu'à la saison des goyaviers et des grenadines... De retour sur le sentier principal, on franchit la passerelle et on dépasse le Grand Défriché. Au bout du plateau de la Cascade, le sentier passe près du lit de la rivière des Remparts dont le fond est constitué d'une coulée de lave à nu qui se casse là, en une marche géante. La rivière est en général à sec mais on imagine sans peine quel spectacle peut offrir, en période de crue, l'eau bouillonnante de la cascade. Davedinde se jetant dans un bassin plus de cent mètres en contrebas. Le sentier descend, lui aussi, ce dénivelé, de façon abrupte bien-sûr, mais en quelques lacets bien sentis tout de même sur ce qu'on appelle la Pente à Cascade. Au bas

de celle-ci le premier sentier à gauche ④ mène en moins de dix minutes à une série de petit bassins accueillants. Les plus courageux pourront continuer à remonter le Bras Caron pour atteindre en 30 à 40 minutes un grand bassin. De retour au sentier principal, Roche Plate ne se trouve qu'à un petit quart d'heure. durant toute cette première partie du trajet : on trouvera des lits de rivière à sec, malgré la profusion des cascades qui strient les remparts à droite et à gauche. Mais tout au long du sentier, on a jeté des passerelles au-dessus d'anciens passages à gué, au cas où... ; on pourra rencontrer tous les oiseaux de forêt locaux : merles, z'oiseaux blancs, z'oiseaux verts, z'oiseaux la vierge, tek-teks, la papangue (le "rapace-pays") ; on aura le loisir de reconnaître deux bois blancs (Hernandia mascarenensis) répertoriés dans "Flore en détresse", deux exemplaires d'une essence pourtant commune au siècle dernier et dont la disparition serait due ici à la destruction du milieu. De Roche Plate ⑤ il faut compter plus de quatre heures pour atteindre le

dépôt, dans les hauts de Saint-Joseph à moins de disposer de véhicules tout terrain. Vingt minutes suffisent dans ce cas pour atteindre le parking ⑥ qui marque la fin de la piste 4 x 4. En quittant Roche Plate : le premier sentier à gauche mène à un alambic (distillation du géranium) ; le premier à droite mène à l'aire de camping ; le deuxième à gauche sur le déblai et constituait l'ancien sentier. Il traverse une forêt et mène à ce qui reste du barrage de Mahavel. Si vous visitez ce coin il vous faudra revenir sur vos pas pour reprendre le sentier jusqu'au parking ⑥. Juste après le parking, le sentier qui se confond désormais avec la piste 4 x 4 rejoint immédiatement le lit de la rivière des remparts qui présente à cet endroit l'aspect d'un défilé étroit ou d'un canyon façon western, peu rassurant avec ses gros blocs et ces entassements de rochers rougeâtres ou noirâtres provenant manifestement des parois instables. Ce défilé finit par déboucher, au confluent de la rivière des Remparts et du bras de Mahavel. Et c'est seulement là que l'on prend conscience que le canyon a été creusé par la rivière dans la masse même du Déblai dont le front actuel vous domine de cinquante mètres et plus. On se rend compte aussi de l'énormité de la masse descendue de la montagne et du formidable travail de l'eau, très visible ici. On peut voir aussi les vestiges de l'ancien sentier qui a reculé au cours des ans en même temps que le front du barrage, littéralement raboté par les actions conjuguées des crues en provenance du bras de Mahavel et de la rivière des Remparts. La suite, c'est douze kilomètres de caillasse, de gravier et de sable entre deux remparts qui s'abaisseront peu à peu à l'approche du littoral avec comme seuls "accidents de parcours" : deux îlets habités se faisant face de part et d'autre de la piste à la hauteur du bloc ; la cascade des Trois

Sources ⑦, très rafraîchissante et seul point d'eau "public" de cette deuxième partie de la descente ; pour botanistes avertis, quelques bois de sable (Indigofera ammoxylon) à l'aspect de bonzaï et répertoriés aussi par "Flore en détresse" pour cause de destruction du milieu. Au Dépôt la piste quitte le lit de la rivière et rejoint la route goudronnée qui mène à Saint-Joseph, trois kilomètres plus loin.

Roche Plate

Roche Plate c'est un village refait à neuf en 1988 dans le souci de faire revivre un écart abandonné de ses habitants depuis plus de vingt ans. On y trouve actuellement tout ce qu'il faut pour l'accueil du randonneur qui aura décidé de faire cette balade en deux jours :
- Un gîte de montagne qui jouxte une table d'hôte offrant à ses convives de passage un met bien curieux, le carri de cœurs de choca bleu (Agave sp).
- Un bivouac d'accès libre et gratuit mais qu'il vaut mieux réserver ! La dame d'en face loue matelas, draps, couvertures, oreillers qui peuvent agrémenter les châlits qui équipent, comme partout ailleurs, ce genre d'hébergement.
- Un gîte chez l'habitant (installations sommaires). Le maître des lieux, Ricco, est la seule personne qui n'ait jamais vraiment abandonné Roche Plate. Deux de ses bâtiments donnent un aperçu de ce que pouvait être le village autrefois.
- Une aire de camping aménagée. On peut louer des tentes sur place.

Jolie case en bardeaux de bois à Roche Plate. Dans le canyon hollywoodien formé par les éboulis de Mahavel.

25 LE MORNE LANGEVIN

clin d'œil sur la génèse des volcans, ou fenêtre sur… les caldeiras

Un paysage grandiose au bout d'une promenade facile à faire en famille, se sentir tout à la fois puissant et minuscule dans un décor immense, telle est l'impression que laisse le Morne Langevin

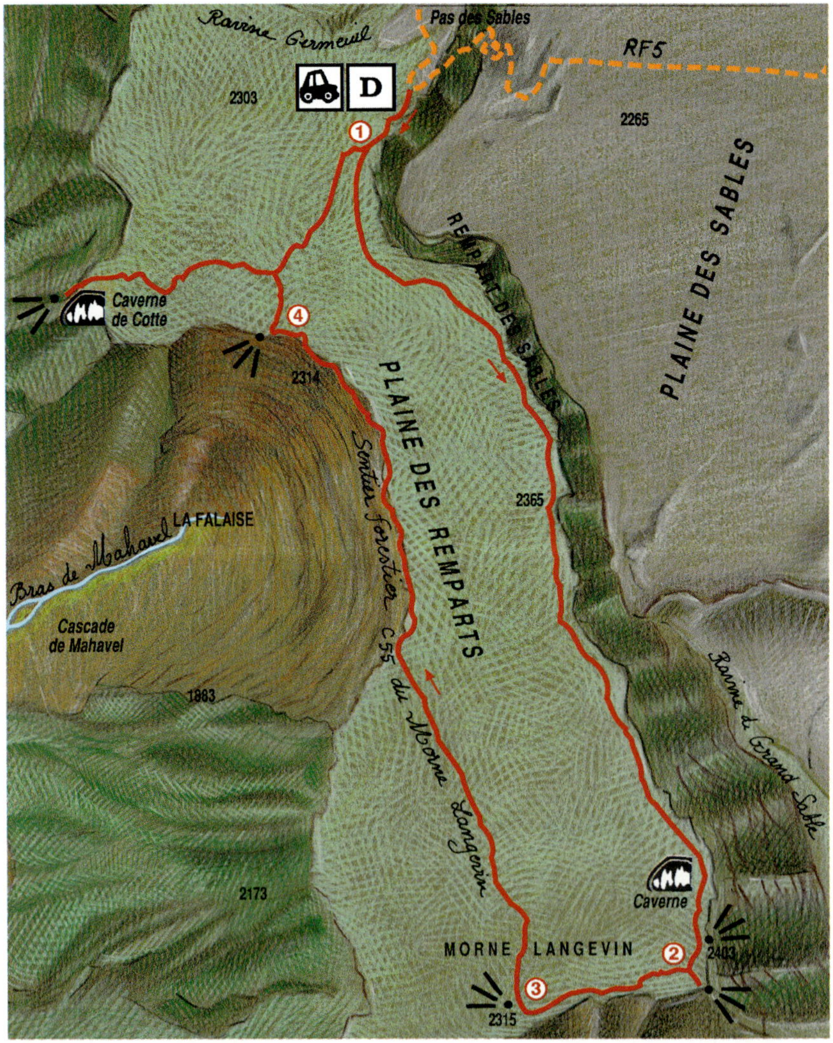

fiche technique

Longueur : 7,3 km aller-retour
Dénivelé : 170 m
Durée : 2 h 30 aller-retour pour le sommet
3 h pour le circuit complet
Difficulté : néant
Période : toute l'année
Equipement : randonnée classique
Point d'eau : néant
Balisage : blanc
Carte IGN 1/25 000 : n° 4409 R

itinéraire d'accès

A 90 km de Saint-Denis par Saint-Benoît.
A 128 km de Saint-Denis par Saint-Pierre.
A 42 km de Saint-Pierre.

Emprunter la RN 3 de Saint-Benoît ou de Saint-Pierre jusqu'à la plaine des Cafres, au Vingt-septième (Bourg Murat), face aux deux libres-services, emprunter la route du Volcan. Elle débute juste à côté de la maison du Volcan. Après le virage à gauche, prendre à droite à l'intersection, puis encore à droite à la deuxième intersection. La route va ensuite tout droit au milieu des ajoncs (appelés ici genêts). A l'intersection suivante, un panneau indique la voie à suivre : route du Volcan. Elle est bitumée jusqu'au Nez de Bœuf où, si le temps le permet, vous pourrez avoir une vue sur les gorges de la rivière des Remparts. La piste est maintenant revêtue par section. Après le piton Textor et ses relais de télévision, laisser à gauche la piste qui mène vers le piton de l'Eau. La route contourne la rivière des Remparts et, après la rampe ZéZé, elle passe à gauche du cratère Commerson (voir encadré). Continuer et passer les

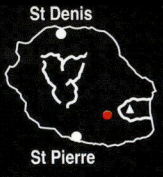

ravines Lacroix et Germeuil. S'arrêter juste au moment où commencent les rampes du Pas des Sables. Possibilité de parking. Un petit abri marque ce lieu et vous pourrez y trouver des informations sur la plaine des Sables et sur les sentiers de randonnées dans la région du Volcan. Vous êtes à 2 350 mètres d'altitude.

description

Le sentier du Morne Langevin commence en face du panneau sous abri. Au bout de quelques minutes, il se sépare en deux ①. Prendre à gauche, le sentier grimpe très légèrement vers le sommet du morne et longe le rempart de la plaine des Sables, limite de la deuxième caldeira du massif de la Fournaise. Le massif compte trois caldeiras, effondrements de l'édifice volcanique, encore plus ou moins visibles ; la première, celle de la rivière des Remparts, la deuxième, celle de la Plaine des Sables et enfin la troisième dans laquelle se situe le volcan actif. En s'approchant du bord de la falaise (mais attention au risque de chute, le sol est instable), on peut admirer cette étendue désertique limitée au nord par la rivière de l'Est, au sud par la dénivellation de la rivière Langevin, à l'ouest par le rempart de la plaine des Sables et à l'est par le piton Chisny, le Demi-Piton et le Piton Haüy. Le piton de la Fournaise joue à cache-cache avec le Chisny. Au tout début du sentier on l'aperçoit à gauche de cette colline puis il disparaît et on le retrouvera un peu plus tard émergeant à droite. Au loin, au-delà du Chisny, on aperçoit le rem-

Depuis le Morne Langevin, plongée sur la vallée de la rivière Langevin au pied du Grand Coude. Les falaises du Morne Langevin retiennent les scories rougeâtres de la plaine des Sables.

J.-M. R.

Par une échancrure du Cratère Commerson se profile au loin le Piton des Neiges.

part de l'Enclos Fouqué avec tout-à-fait à droite, à l'horizon, le piton Bois Vert. A droite le spectacle est tout aussi merveilleux : on peut admirer dans toute sa splendeur le massif du piton des Neiges. De gauche à droite on peut reconnaître le Grand Bénare, le col du Taibit séparant le Grand Bénare du Gros Morne, le piton des Neiges, le sommet pointu du Cimendef, la Roche Ecrite et le Mazerin. On est donc à l'endroit idéal pour saisir à la fois les deux parties constitutives de la Réunion : le massif du Piton des Neiges et le massif de la Fournaise. Après environ trois quarts d'heure de marche, on pourra apercevoir le point le plus haut du morne grâce à une petite antenne. Sur place, au pied de cette antenne, on trouvera les omniprésentes batteries de piles solaires servant à alimenter les systèmes de surveillance de l'observatoire volcanologique. De ce promontoire, on voit la limite sud de la plaine des Sables et l'impressionnant dénivelé de la rivière Langevin. En regardant bien, on peut apercevoir le sentier forestier de Grand Sable, accroché à la falaise, qui mène de la plaine des Sables à Langevin via Grand Pays et Grand Galet (voir balade n° 26).

Du sommet du morne, on peut choisir de rentrer par le même chemin mais le peu de difficultés que présente le circuit du Morne Langevin doit inciter le randonneur à continuer. Les plus belles vues sont encore à prendre. On continue donc sur le sentier et après une toute petite descente, on arrive à une intersection ②. On prend à gauche pour se diriger vers un point de vue à une cinquantaine de mètres. Comme partout sur ce sentier on doit avoir conscience du danger : les dénivelés sont très grands. De ce point par exemple, un dénivelé de presque 1 300 mètres sépare le sentier du morne du Grand Pays, juste en dessous. Du point de vue, on revient sur ses

Le cratère Commerson

Bien que ne faisant pas l'objet d'une randonnée, le cratère Commerson vaut la peine qu'on s'y arrête quand on se dirige vers le volcan par la RF 5. Après le piton Textor et la rampe Zézé, la route du Volcan passe à gauche du cratère. Une plaque le signale et une stèle, visible de la route, a été construite à proximité. Du Nez de Bœuf, on distingue aisément l'échancrure du cratère égueulé du Trou Fanfaron qui ouvre sur la rivière des remparts. Le cratère Commerson se trouve juste derrière. Sur place, on aperçoit toujours l'échancrure, à droite. Un mince pan de falaise sépare le Commerson du Trou Fanfaron. Le cratère Commerson se présente alors comme un gigantesque puits, de forme oblongue. Les parois en sont très abruptes, presque verticales. Elles permettent d'apercevoir les strates des empilements successifs de basaltes. Sur la paroi opposée à la stèle, ces strates sont en partie constituées d'orgues basaltiques. Le cratère tire son nom d'un pionnier du volcan, le naturaliste Philibert Commerson qui s'y était aventuré en 1771.

pas et à l'intersection on prend à gauche pour continuer le circuit. On longe alors la falaise et la vue est presque permanente sur la côte sud, de l'Etang-Salé à Saint-Philippe, sur le mini-cirque de Grand Pays et sur le plateau de Grand Coude. La lecture de carte et le repérage sont alors très faciles. Un dernier coup d'œil sur le paysage et le sentier vire à droite et s'éloigne de la falaise ③. On quitte alors le rempart de la troisième caldeira du massif de la Fournaise pour se diriger vers la rivière des Remparts et le bras de Mahavel. Quand le sentier se rapproche à nouveau de la falaise, il serait imprudent de vouloir le quitter pour voir de plus près. De nombreuses et profondes failles constituent un danger permanent. Patience, un point de vue plus sûr vous attend un peu plus loin, on peut s'approcher prudemment du bord jusqu'à une marque blanche sur la pierre ④. Le dénivelé est impressionnant. La falaise est instable, témoin les grandes failles qui l'entaillent. Des pans entiers peuvent à tout moment s'en détacher et aller former un barrage sur le lit du bras de Mahavel en contrebas comme cela s'est produit déjà en 1965. On peut voir, à l'heure actuelle encore, les restes de ce qui constituait ce barrage, au confluent du bras de Mahavel et de la rivière des Remparts (voir balade n° 24). Après un moment ici, et, si le vertige commence à se faire sentir, il est prudent de reprendre le sentier. 300 mètres plus loin environ, une bifurcation sur la gauche mène à la caverne de Cotte qui a souvent servi d'abri aux premiers aventuriers qui se risquaient dans la région du Volcan. On retourne sur ses pas pour retrouver le sentier qui conduit, en 1/4 heure, au Pas des Sables. Où l'on retrouve son véhicule.

Balade suivante : la descente vers la vallée de la Rivière Langevin. Les cascades de Grand Galet.

De la plaine des Sables, où elle prend sa source, à Grand Galet, le premier hameau vraiment habité, la descente de la rivière Langevin peut se révéler éprouvante par son important dénivelé (1 710 m). Elle offre, en l'espace de trois marches géantes, une compensation sous forme d'impressions changeantes et colorées dues à une succession de décors grandioses et différents.

fiche technique

Longueur : 13 km aller simple
Dénivelé : 1 710 m
Durée : 4 à 6 heures, aller seul (prévoir de se faire récupérer à Grand Galet)
Difficulté : longue descente assez éprouvante
Période : toute
Equipement : randonnée classique
Point d'eau : au bivouac, presqu'à la fin du parcours
Balisage : traces de peinture blanche
Carte IGN 1/25 000 : n° 4409 R

Mystérieuse Plaine des Sables.

itinéraire d'accès

A 92 km de Saint-Denis par Saint-Benoît.
A 130 km de Saint-Denis par Saint-Pierre.
A 44 km de Saint-Pierre.

Emprunter la RN 3 de Saint-Benoît ou de Saint-Pierre jusqu'à la plaine des Cafres, au Vingt-septième (Bourg Murat), face aux deux libres-services, emprunter la route touristique du Volcan. Elle débute juste à côté du musée du Volcan. Après le virage à gauche, prendre à droite à l'intersection, puis encore à droite à la deuxième

intersection. La route va ensuite tout droit au milieu des ajoncs (appelés ici genêts). A l'intersection suivante, un panneau indique la voie à suivre : route du Volcan. Elle est bitumée

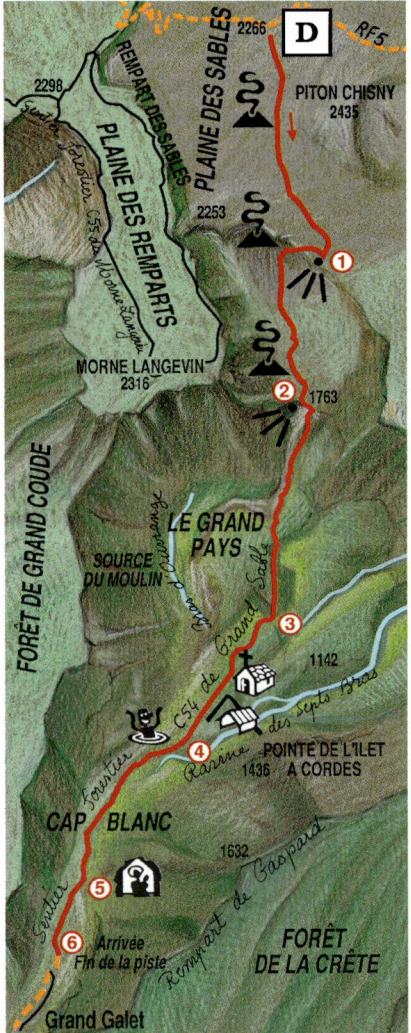

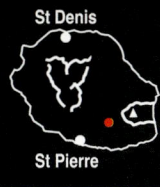

Région du Volcan

St Denis

St Pierre

jusqu'au Nez de Bœuf où, si le temps le permet, vous pourrez avoir une vue sur les gorges de la rivière des Remparts. La piste est maintenant revêtue par section. Après le piton Textor et ses relais de télévision, laisser à gauche la piste qui mène vers le piton de l'Eau. La route contourne la rivière des Remparts et, après la rampe Zézé, elle passe à gauche du cratère Commerson (voir encadré page 108). Continuer et passer les ravines Lacroix et Germeuil. S'arrêter juste au moment où commencent les rampes du Pas des Sables. Puis descendre les rampes et se faire déposer au bout de la ligne droite qui traverse la plaine des Sables. Le sentier part à droite. Peu envisageront sérieusement de remonter par le même chemin pour récupérer les véhicules.

description

Le premier palier : la plaine des Sables au premier cassé : 30 à 45 mn pour 25 m de dénivelé. On se trouve alors à 2 266 mètres d'altitude, au pied du piton Chisny qui, du haut de ses 170 m, ne cache pas son origine. C'est bel et bien un ancien cratère, placide pour le moment, mais qui ne l'a pas toujours été. C'est lui, en effet, qui a en grande partie comblé l'effondrement de la plaine des Sables en la remplissant de scories que les pluies et les vents ont ensuite nivelées. Vu sa constitution particulière, celle-ci se comporte comme une énorme éponge qui pomperait littéralement l'humidité des nuages pour la restituer ensuite sous forme d'eau à deux rivières qui

Au pied du pas des Sables, la route laisse place à une piste carrossable menant jusqu'au pas de Bellecombe après la traversée du désert rouge.
"Rempart basaltique de la Plaine des Sables" dessiné au milieu du XIXe siècle par Bory de St Vincent d'après des croquis sur le motif de M. Patu de Rosemont.

Suivez les marques blanches pour une descente depuis l'Enfer...

prennent leurs sources à chacune de ses extrémités : la rivière de l'Est au nord et la rivière Langevin au sud, leur permettant ainsi de couler toute l'année. Ce n'est pas un hasard si chacune d'elles alimente une centrale hydroélectrique (à Sainte-Rose et à Langevin). Dans cette première partie, le sentier est rigoureusement plat et fonce plein sud à travers un désert ocre ou noir, de la couleur des scories qui la composent et parmi lesquelles on aura peut-être la chance de trouver un petit morceau d'olivine ou une bombe volcanique. A droite le rempart des Sables fait penser au flanc d'un immense navire, nommé "Morne Langevin", qui flotterait sans tangage ni roulis sur une mer étale de scories. Tout à fait au bout, on traverse une coulée de lave en gratons qui dément encore l'apparente placidité du piton Chisny. On arrive

enfin en haut de la première marche ①. Première partie : le cassé de la ravine de Grand Sable 1 h à 1 h 15 pour 500 m de dénivelé. On se trouve au sommet du rempart gauche de la ravine des Sables. De là, on domine une sorte d'immense carrière due au ravinement qui a creusé profondément dans la masse même de la plaine des Sables, comme avec une énorme cuillère, extrayant assez de matériau pour mettre totalement à nu la haute étrave du "Morne Langevin". d'en haut, on a l'impression qu'après une bonne descente, on atteindra assez rapidement un fond plat et rocailleux. En fait, si la première partie de la descente est effectivement rapide (vingt à vingt-cinq minutes), le fond n'est pas plat du tout et constituerait même la plus grande partie du dénivelé. D'ailleurs, la pente moyenne du sentier ne

diminuera nullement sur toute cette portion. On ne quittera le flanc du rempart que pour suivre une coulée de basalte poli provenant du Piton Chisny (encore lui !) longue de dix-sept kilomètres jusqu'à la mer, et en empruntant le lit de la rivière Langevin. La moitié de cette première partie de la descente se fait dans la caillasse pure, sans aucune végétation. Puis, celle-ci commence a apparaître progressivement sous la forme de tamarins des hauts rabougris. On trouve aussi quelques exemplaires de la végétation de haute altitude et en particulier, cette pionnière qui joue le rôle de premier occupant des laves, le petit bois de rempart des hauts. Au bout de cette première marche, on tombe sur un deuxième cassé.

Deuxième partie : le Grand Pays 1 h 30 à 2 h pour 600 m de dénivelé ②. On se trouve à présent en haut d'un deuxième cassé, beaucoup plus important, sur le bord de ce qui ressemble à un immense entonnoir ou plutôt à un mini-cirque. Quoi qu'il en soit, cet endroit ne peut être qu'un "Grand Pays" comparé au goulet étroit où habitent les gens qui venaient y travailler. Pour s'en convaincre, il n'y a qu'à jeter un œil sur la situation des minuscules maisons de Cap Blanc qu'on aperçoit, au loin, tout au fond de la gorge, à l'endroit où le Grand Pays se resserre. Cette fois, finies la caillasse et la végétation rabougrie. C'est à une véritable explosion de verdure qu'on assiste maintenant entre le couvert végétal du rempart et celui qui tapisse le fond. La coulée qu'on suivait se lançant dans le vide en une immense cascade de basalte figé sur près de 600 mètres de dénivelé, force est de la quitter pour prendre le sentier qui part à gauche pour plonger lui aussi, mais de façon moins vertigineuse. Il descend à flanc de rempart en une longue suite serrée de lacets venant régulièrement buter sur la cascade, un

...jusqu'au Paradis : fleurs de la passion, bananiers, cressonnières et vasques d'eau accueillantes telles celle de la cascade de la Grande Ravine (voir page 109) et le bassin des Anguilles... Une réelle récompense après cette longue randonnée.

virage sur deux. La végétation, éricoïde à base de branles tout en haut, se mue au fur et à mesure en une forêt de bois de couleurs aux individus de moins en moins rachitiques auxquels se mêleront de plus en plus de goyaviers. Au bas de cette descente, on est surpris de trouver un petit morceau plat, suivi d'une franche grimpette qui permettent d'accéder au flanc gauche du piton de Grand Pays. Là, le sentier descendra en pente douce sous un épais couvert de filaos de Hollande (*Casuarina tenulssima*, différent du *Casuarina equisetifolla*) qu'on trouve sur la côte mais qui poursuivent tous les deux une même mission : la fixation des sols). Cette dernière portion de la deuxième marche peut constituer un excellent point pour un pique-nique, histoire de donner un peu de répit à des membres inférieurs assez durement mis à l'épreuve jusqu'ici. On sera alors plus à l'écoute de la nature. On pourra se laisser bercer par le chant clair et reposant d'une chute d'eau invisible, couvert parfois par les stridulations mélodieuses de merles, non moins invisibles, se répondant d'un versant à l'autre des nombreuses ravines qui strient le rempart.

Troisième partie : Grand Pays/Grand Galet (2h, 2 h 30 pour 500 m de dénivelé) ③. On descend le versant sud du piton de Grand Pays, avalant d'un seul coup trois cent cinquante mètres de dénivelé, en longeant une crête pas trop escarpée par une pente assez soutenue. Le sentier, souvent bordé de goyaviers, déroule toujours ses lacets à l'ombre des filaos. C'est dans cette section qu'on trouvera l'ancienne chapelle de Cap Blanc, puis un bivouac, d'accès libre et gratuit où on trouvera le premier point d'eau depuis la plaine des Sables. La pente se fera moins dure à l'approche du fond, matérialisé par la ravine des Sept Bras que l'on franchira à gué pour passer sur sa rive gauche ④. On peut se dire cette fois que le plus dur est fait : on a déjà descendu 1 450 m de dénivelé. Les 250 restant seront parcourus sur une pente autorisant un pas de sénateur, arthritique probablement pour certains, et ceux-là ne feront pas demi-tour au bout de cent ou deux cents mètres pour trouver l'accès aux bassins qu'on surplombait alors et qui incitent à la baignade. Cette eau va d'ailleurs disparaître ensuite et on ne la reverra plus avant d'avoir repris la voiture. Elle ne réapparaîtra, en effet, qu'en aval de Grand Galet, sous forme d'une résurgence à la grandiose cascade de la Grande Ravine chutant dans le non moins magnifique bassin des Anguilles. Puis c'est le train-train. Une légère descente mènera en pente douce jusqu'au village de Grand Galet, avec pratiquement comme seul accident de terrain, une dernière traversée de la ravine, à sec cette fois, pour passer définitivement sur la rive droite ⑤. Sur tout ce tronçon, entre Cap Blanc, à l'entrée du goulet, et Grand Galet, la végétation est franchement "civilisée" avec surtout des cultures de géranium, de bananes ou d'ananas. La toute dernière partie consistera en une méchante piste (quinze minutes à pied) sur laquelle vos récupérateurs n'auront probablement pas eu envie de risquer leurs amortisseurs ni leurs carters ⑥.

On pourrait considérer que la descente en voiture jusqu'à la côte est une suite naturelle de la randonnée puisque la descente de la rivière elle-même n'est pas du tout terminée, il manquerait encore une marche : Grand Galet-la côte. Au sortir du village, la route commence par une sorte de toboggan bétonné qui fait descendre brutalement de cent cinquante mètres, puis continue de façon plus calme jusqu'à la mer. Tout du long, elle sera bordée de nombreux arbres fruitiers (bananes, avocatiers, letchis...), cultures (cressonnière) ou élevages (truites) et aussi par de multiples bassins dans le lit même de la rivière. Dans l'ordre, on trouvera : la cascade de la Grande Ravine et le bassin des Anguilles à partir de laquelle la rivière Langevin prend son appellation véritable, un parc piscicole, la retenue pour la prise d'eau de l'usine hydroélectrique au lieu-dit la Passerelle. Au pont Babet, la route passe sur la rive gauche un peu avant le site de l'usine elle-même. La visite serait incomplète sans un détour sur le littoral où on pourra admirer une "marine" (embarcadère d'un genre très particulier), un "gouffre-souffleur" et, si vous avez de la chance, un gecko tout noir, de la couleur des roches environnantes et visibles seulement ici, de même que le gecko vert (plus courant) n'est visible qu'à Manapany.

Une randonnée inoubliable dans un paysage lunaire ;
un spectacle grandiose : le massif ancien du piton des Neiges
et celui plus récent de la Fournaise d'un même coup d'œil.

fiche technique

Longueur : 13,5 km aller-retour
Dénivelé : 415 m
Durée : 5 h
Difficulté : temps changeant
Période : toute, tôt le matin de préférence
Equipement : randonnée classique
Point d'eau : néant
Balisage : blanc
Carte IGN 1/25 000 : n° 4409 R

itinéraire d'accès

A 98 km de Saint-Denis par Saint-Benoît.
A 136 km de Saint-Denis par Saint-Pierre.
A 50 km de Saint-Pierre.

Emprunter la RN 3 de Saint-Benoît ou de Saint-Pierre jusqu'à la plaine des Cafres, au Vingt-septième (Bourg Murat), face aux deux libres-services, emprunter la route touristique du Volcan. Elle débute juste à côté du musée du Volcan. Après le virage à gauche, prendre à droite à l'intersection, puis encore à droite à la deuxième intersection. La route va ensuite tout droit au milieu des ajoncs (appelés ici genêts). A l'intersection suivante, prendre à gauche, un panneau indique la voie à suivre : route du Volcan. Elle est bitumée jusqu'au Nez de Bœuf où, si le temps le permet, vous pourrez avoir une vue sur les gorges de la rivière des Remparts. La piste est maintenant revêtue par section. Après le

piton Textor et ses relais de télévision, laisser à gauche la piste qui mène vers le piton de l'Eau. La route contourne la rivière des Remparts et, après la rampe Zézé, elle passe à gauche du cratère Commerson. Continuer et passer les ravines Lacroix et Germeuil. Descendre le Pas des Sables et traverser la plaine des Sables. Laisser ensuite à gauche la piste qui mène au gîte et continuer tout droit jusqu'au parking.

Quelques précieuses informations sur le volcan avant de dévaler le Pas de Bellecombe.

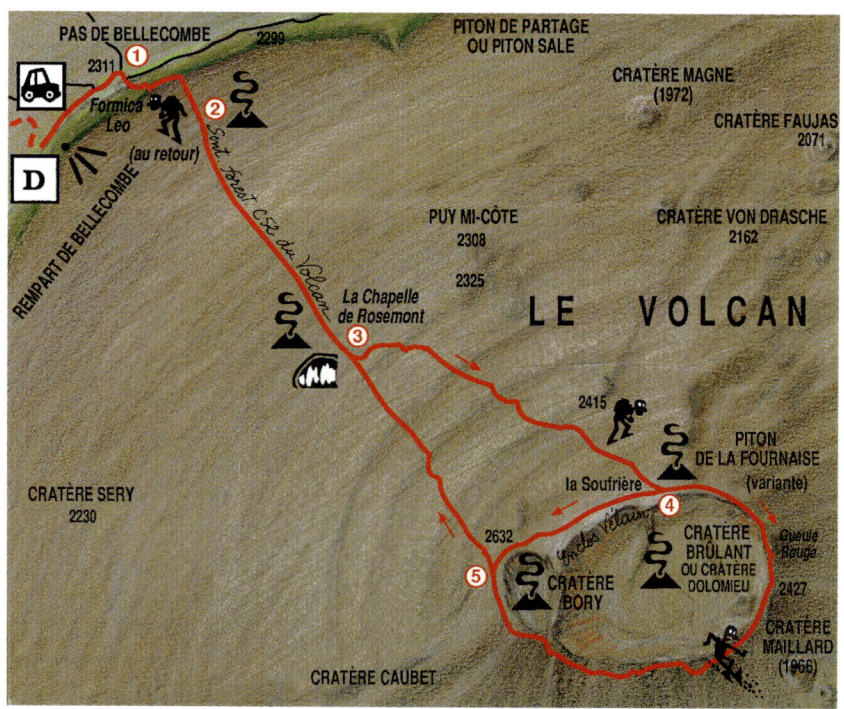

Région du Volcan

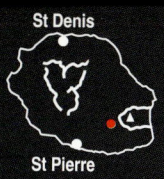

St Denis

St Pierre

Une île, deux volcans

Deux volcans ont contribué à l'édification de la Réunion : le piton des Neiges et la Fournaise. Sorti de l'océan il y a environ deux millions d'années, le massif du piton des Neiges constitue la partie ancienne de l'île. Ce volcan s'est éteint progressivement pendant que celui de la Fournaise se mettait en place (voir schémas "évolution géologique de la Réunion", page 10). Des éruptions très fréquentes prouvent la jeunesse de la Fournaise et constituent un laboratoire très intéressant pour les vulcanologues du monde entier.

description

A deux pas du parking, un belvédère offre déjà un splendide coup d'œil sur l'énorme cône de la Fournaise. A partir de là, on prend à gauche le sentier qui mène au Pas de Bellecombe. Un panneau sous abri donne quelques informations sur la randonnée. Au Pas de Bellecombe, le sentier plonge dans l'Enclos Fouqué ①. Il descend en lacets, accroché à la falaise. Il est peu large et un câble servant de rambarde assure la sécurité. Tout au long de la descente, on peut admirer à loisir le paysage lunaire qui s'étale en dessous. On a une vue sur un petit cône rouge : le Formica Léo, qu'on atteint au bout d'une quinzaine de minutes. On est alors dans l'Enclos Fouqué ②. Le Formica Léo, amoncellement de scories légères datant de 1753, semble être un intrus au milieu du puzzle que constituent les larges plaques de laves noires. A partir de là, il faut être très prudent et ne jamais quitter la piste

Le petit cratère de Formica Léo.

J.-M. R.

J.-M. R.

A l'intérieur de la grotte. Cette grosse bulle de gaz figée à jamais au contact de l'air lors d'una antique éruption, appelée Grotte ou Chapelle de Rosemont, a toujours été une curiosité prisée par les randonneurs. Nous la retrouvons ci-dessus, dessinée vers 1812 par Monsieur Jean-Joseph Patu de Rosemont, colon érudit passionné d'aquarelle plus que de politique en ces temps pourtant mouvementés de la Révolution et de l'Empire. Sur cette carte postale, affranchie à Cilaos en 1909, la grotte est honorée cette fois par la photographie. Une évidente fierté se lit dans les attitudes de ces excursionnistes. Il est vrai qu'en ces temps-là accéder au volcan était une réelle aventure. L'exploit se devait d'être fixé pour la postérité.

balisée. Le sentier va tout droit, passant d'une plaque à l'autre. Sur cette portion, on peut admirer de nombreux et beaux spécimens de lave cordée. On se rapproche petit à petit de la Chapelle Rosemont, petite grotte née d'une grosse bulle de gaz lors d'une éruption. Cet abri naturel au milieu d'un chaos volcanique invite généralement à la pause. On reprend la marche et après quelques minutes, on rencontre un carrefour ③. On prend alors la piste de gauche, plus facile, qui mène en une heure à la Soufrière ④. On est alors à 2 518 mètres. Un puits profond aux lèvres jaunies par le soufre laisse échapper des émanations chaudes à l'odeur caractéristique. A ce point la piste se divise à nouveau. On prend à droite et on se rapproche de la falaise bordant

Collection Ryckebusch

POSTES
REUNION
OCEAN INDIEN
10 DIX CENTIMES 10
CHAUVET PUYPLAT
CILAOS

Jean-Joseph Patu de Rosemont

les cratères sommitaux du Dolomieu et du Bory (variante, voir encadré). Il est prudent de ne pas quitter la piste pour aller voir de plus près les cratères car des failles larges et profondes présentent un danger permanent et des pans entiers de falaises risquent de tomber à tout moment. On trouvera un point d'observation plus sûr un peu plus loin quand le sentier rejoindra celui qui redescend vers la Chapelle Rosemont. Les cratères Bory et Dolomieu se présentent comme deux larges excavations aux parois verticales. Les coulées successives se sont empilées et ont laissé des traces sous forme de strates sur les parois. On est en plein univers minéral. Les éruptions à l'intérieur de cette bouche de géant en modèlent le fond : petits cônes et dalles de lave. Les effondrements finissent par transformer l'aspect des cratères. Les dessins des premiers visiteurs et les photographies montrent l'évolution de la

La Chapelle Rosemont côté ouverture. Au fond, le rempart de Bellecombe.

J.-M. R.

forme générale de la zone sommitale. Après une observation plus ou moins prolongée, la température changeante provoque souvent des départs précipités, on prend à droite le sentier ⑤ qui plonge vers la Chapelle Rosemont. Juste au-dessous du carrefour, une table d'orientation permet de situer, au delà du Pas de Bellecombe et des remparts de la plaine des Sables, quelques sommets du massif du piton des Neiges (le Grand Bénare, le Gros Morne, la Roche Ecrite et le piton des Neiges). La pente est assez prononcée mais le sentier ne présente pas de difficultés. On retrouve la Chapelle Rosemont et le Formica Leo avant d'attaquer la montée vers le Pas de Bellecombe.

Variante : à la Soufrière, les plus courageux peuvent prendre à gauche et faire le tour complet des cratères. Le circuit, un peu plus long, ne présente pas de difficultés particulières et permet d'avoir une vue complète sur l'ensemble du système sommital. Méfiez-vous particulièrement des toutes dernières coulées de lave séchée appelées "gratons" sur lesquelles ce

J.-M. R.

circuit vous convie à traverser : ce sol est friable sous la chaussure, instable et excessivement coupant. Une chute en cet endroit serait douloureuse. Au Bory, le sentier rejoint celui qui ramène vers la Chapelle. On se retrouvera alors sur le circuit décrit plus haut.

Vue panoramique de l'Enclos Fouqué et du rempart de Bellecombe depuis le sommet de la Fournaise.

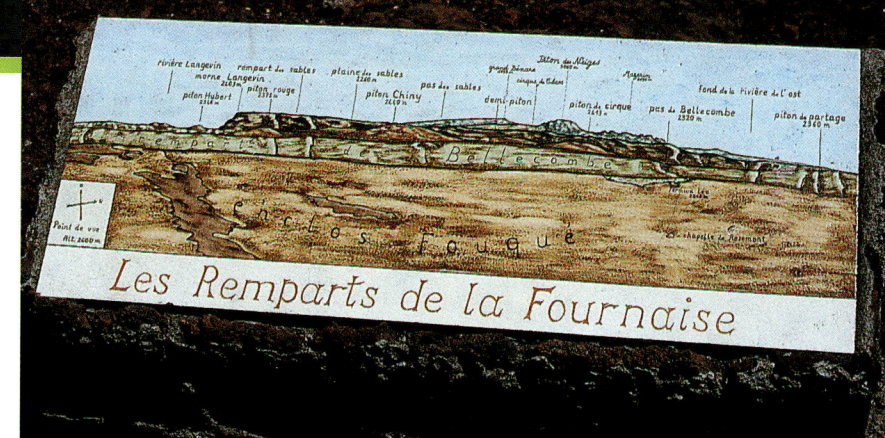

Les Remparts de la Fournaise

J.-M. R.

J.-M. R.

Pages précédentes : l'intérieur du cratère Brûlant,
ou cratère Dolomieu. La gueule de la Soufrière.
Quelques gratons frais, métallisés et coupants comme
des lames Gillette.

Ci-dessus, le précipice nord du cratère Brûlant et le gouffre de la Soufrière.
Page de droite : formations volcaniques dans l'Enclos : émanations de soufre et divers cônes adventifs dont
certains, comme celui du bas, font plusieurs dizaines de mètres de diamètre.
Plissements plus ou moins ordonnés de lave. Lave dite "cordée".

Une adolescente bien suivie
(l'observatoire volcanologique)

Selon l'avis des mandarins-volcanologues, la Fournaise n'est encore qu'une demoiselle, puisque âgée de seulement 500 000 ans. Une superbe hawaïenne qui, selon eux, entrerait tout juste en puberté, et ferait vivre à son entourage les crises typiques de l'adolescence. Les borborygmes incessants de ses entrailles la malmènent et la transforment en lui occasionnant, plusieurs fois par an, des fièvres qui se manifestent en surface par l'écoulement d'humeurs fumantes. Le trajet de cette lave en fusion s'inscrit en général dans une zone appelée l'Enclos, située heureusement loin de tous lieux habités. Les falaises de Bellecombe à l'ouest, de Bois-Blanc au nord et du Tremblet au sud, délimitent cette zone "à risques" et canalisent de façon naturelle vers l'est les coulées purulentes jusqu'à l'océan. Les sautes d'humeur de la Fournaise ont tout de même réussi à semer la panique à plusieurs reprises dans les villages, en profitant d'une faille hors Enclos (Piton Sainte-Rose en 1977, Saint-Philippe en 1986). Méfiance donc : la demoiselle est vicieuse. Entre les crises, ses rondeurs sont parmi les plus parcourues au monde. Les randonneurs

Un inclinomètre.

J.-M. R.

goûtent ici des paysages lunaires grandioses, un tantinet émoustillés par l'attrait de l'interdit... L'originalité et la fréquence des crises de la Fournaise intéressent également le monde scientifique, au point que le volcan réunionnais s'est transformé au fil des ans en volcan-laboratoire. De nombreux appareils, que les randonneurs aperçoivent au cours de leurs expéditions, plus sophistiqués les uns que les autres, ont été placés en des endroits stratégiques, quasi-érogènes, du massif. Alors que les sismographes repèrent les moindres frissons de la belle, les inclinomètres enregistrent les variations des pentes, mesurant par ce stratagème les poussées internes et l'évolution des formes. Ces relevés, et bien d'autres encore comme les variations magnétiques, la radio-activité, l'analyse des gaz, etc, sont collectés puis analysés par l'Observatoire volcanologique situé au Bourg Murat, à la Plaine des Cafres. Miss Fournaise est ainsi surveillée... comme une femme enceinte.

Du rempart de Bellecombe au piton Bois Vert ou piton de Bert, un sentier facile, courant en corniche le long de la falaise. Une vue quasi permanente sur le cône de la Fournaise et sur l'univers lunaire de la caldeira de l'Enclos.

fiche technique

Longueur : 12,8 km aller-retour
Dénivelé : 70 m
Durée : 4 h aller-retour
Difficulté : néant

Période : toute, tôt le matin de préférence
Equipement : randonnée légère
Point d'eau : néant
Balisage : rouge et blanc
Carte IGN 1/25 000 : n° 4409 R

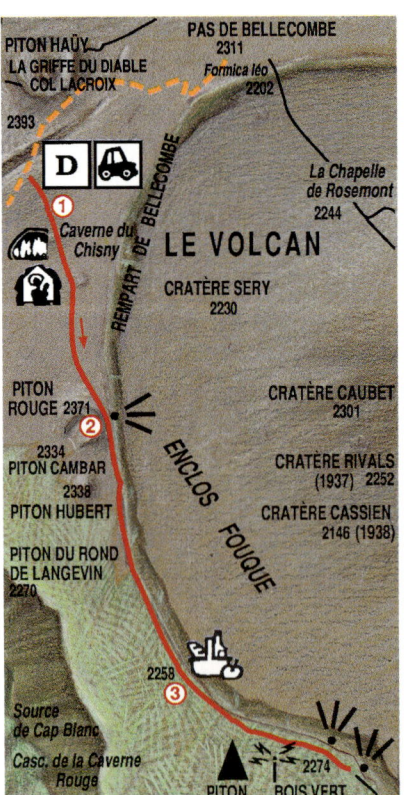

itinéraire d'accès

A 96 km de Saint-Denis par Saint-Benoît.
A 134 km de Saint-Denis par Saint-Pierre.
A 50 km de Saint-Pierre.

Emprunter la RN 3 de Saint-Benoît ou de Saint-Pierre jusqu'à la plaine des Cafres, au Vingt-septième (Bourg Murat), face aux deux libres-services, emprunter la route touristique du Volcan. Elle débute juste à côté du musée du Volcan. Après le virage à gauche, prendre à droite à l'intersection, puis encore à droite à la deuxième intersection. La route va ensuite tout droit au milieu des ajoncs (appelés ici genêts). A l'intersection suivante, un panneau indique la voie à suivre : route du Volcan. Elle est bitumée jusqu'au Nez de Bœuf où, si le temps le permet, vous pourrez avoir une vue sur les gorges de la rivière des Remparts. La piste est maintenant revêtue par section. Après le piton Textor et ses relais de télévision, laisser à gauche la piste qui mène vers le piton de l'Eau. La route contourne la rivière des Remparts et, après la rampe Zézé, elle passe à gauche du cratère Commerson. Continuer et passer les ravines Lacroix et Germeuil. A ce moment commencent les Rampes du Pas des Sables. La piste amorce quelques virages puis passe entre le piton Chisny et le Demi-Piton. Juste après, à la sortie d'un virage à gauche, presqu'à 90°, des panneaux indiquent le sentier du Tremblet et le piton Bois Vert. Garer la voiture à droite de la route.

description

Dès le départ, on choisira de suivre le sentier de randonnée, même si parfois il recoupe une piste carrossable, réservée au service de sécurité. On laisse derrière soi le Demi-Piton ou piton Demi-Lune, nom dû à sa forme en croissant. On marche dans un univers minéral, digne de l'Enclos. Mouvements figés d'une période révolue. On peut voir ① une grotte au bord du sentier, résultat d'un effondrement de petite envergure : la caverne Chisny. A droite, le piton du même nom domine le paysage : ses projections de scories fines ont été l'origine de la formation de la plaine des Sables. Entre le sommet et le sentier, la couleur noire des cratères Aubert de la Rue tranche avec celle rougeâtre du Chisny. Les coulées issues de ces cratères se sont figées dans un chaos très difficile à pénétrer. On est en dehors de la zone active du massif de la Fournaise mais le paysage est jeune et il n'a pas encore été colonisé par la végétation. On progresse dans ce paysage lunaire foulant plaques de lave et gratons (roches volcaniques très légères, friables et présentant des aspérités) coupants, ceux du sentier sont heureusement émoussés. On passe à côté d'un oratoire élevé à la mémoire de deux personnes retrouvées là, mortes de froid et d'épuisement. Dans la région

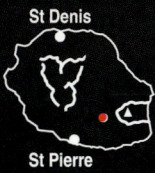

du volcan, un beau ciel bleu peut faire place très rapidement au mauvais temps. La visibilité devient médiocre et le froid s'installe. Il est sage de toujours avoir un vêtement chaud dans un sac et prudent de ne jamais quitter le sentier balisé. Peu à peu, les dalles font place aux scories. On découvre l'Enclos et on arrive à la hauteur du piton Rouge ②. A partir de là, on surplombe la falaise pendant tout le reste de la balade. Le sentier, en faux plat, est large, il n'est jamais dangereux. Le tracé est suffisamment éloigné du bord pour ne pas occasionner la sensation de vide, même chez une personne sujette à vertige. On peut donc, tout en marchant, contempler le volcan actif de la Réunion avec son cône principal et ses nonbreux cônes adventifs. De ces bouches éruptives partent de longues et larges traînées noires ou grisées laissées par les coulées. Les plus longues s'étalent sur le grand replat qui ceinture le cône principal. A partir du piton Rouge, la végétation, d'abord rase et clairsemée, devient de plus en plus dense. Elle est composée essentiellement de brandes*. Les endroits plus abrités comptent quelques fleurs jaunes et quelques petits tamarins des hauts. Après une heure trente de marche, sur un chemin dessinant un arc géant, le piton Bois Vert se découpe à l'horizon : petit cône s'érigeant comme une borne en haut de la falaise. Chapeauté d'un appareillage photovoltaïque, il est facilement repérable. On traverse un bosquet, le seul du parcours. L'ombre agréable des petits tamarins des hauts invite à la pause et au pique-nique ③. On n'est plus qu'à une demi-heure du but. Du sommet de piton Bois Vert on peut découvrir la partie sud de l'Enclos parsemée d'une multitude de cônes adventifs. Certains sont assez proches : cratère Cassien,

Depuis le sentier qui longe la falaise en direction de Piton Bois Vert, le regard est attiré, 200 mètres plus bas, vers le fond de l'enclos Fouqué. Attention aux personnes sujettes au vertige.

cratère Rivals, les Quatre Gueules, ceux de 1983 et de 1984 ; ils se répartissent de part et d'autre d'une ligne allant du piton Bois Vert au sommet de la Fournaise. Plus à l'est, ils sont encore plus nombreux : Château Fort, Gros Bénard, Langlois... En regardant vers l'est, on peut voir le sentier qui mène au Nez Coupé du Tremblet. Vers le sud, s'étend la forêt du Foc Foc. Les cratères que l'on aperçoit, émergeant de la végétation, sont les puys Ramond, encore tout jeunes. Le tour d'horizon terminé, on redescend du pro-

montoire. En continuant deux cents mètres sur le sentier du tremblet et en prenant à gauche, on arrive à un éperon. On domine alors l'Enclos de quelques deux cent cinquante mètres. Avec de bons yeux ou une paire de jumelles, on peut apercevoir les taches blanches du balisage de secours qui contoure la Fournaise par l'est. Un sentier descend dans l'Enclos mais il est très dangereux et il est fortement déconseillé de l'emprunter. Le retour s'effectue par le même chemin.

La partie nord de l'Enclos Fouqué, par un sentier en haut de falaise, les grandes pentes et le piton de Crac, îlot de verdure dans un paysage désertique.

fiche technique

Longueur : 8 km aller-retour
Dénivelé : 275 m
Durée : 4 h aller-retour
Difficulté : néant
Période : toute, tôt le matin de préférence
Equipement : randonnée classique
Point d'eau : néant
Balisage : blanc
Carte IGN 1/25 000 : n° 4406 R et 4409 R

itinéraire d'accès

**A 98 km de Saint-Denis par Saint-Benoît.
A 136 km de Saint-Denis par Saint-Pierre.
A 50 km de Saint-Pierre.**

Emprunter la RN 3 de Saint-Benoît ou de Saint-Pierre jusqu'à la plaine des Cafres, au Vingt-septième (Bourg Murat) ; face aux deux libres-services, emprunter la route touristique du Volcan. Elle débute juste à côté du musée du Volcan. Après le virage à gauche, prendre à droite à l'intersection, puis encore à droite à la deuxième intersection. La route va ensuite tout droit au milieu des ajoncs (appelés ici genêts). A l'intersection suivante, prendre à gauche, un panneau indique la voie à suivre : route du Volcan. Elle est bitumée jusqu'au Nez de Bœuf où, si le temps le permet, vous pourrez avoir une vue sur les gorges de la rivière des Remparts. La piste est maintenant revêtue par section. Après le piton Textor et ses relais de télévision, laisser à

gauche la piste qui mène vers le piton de l'Eau. La route contourne la rivière des Remparts et, après la rampe Zézé, elle passe à gauche du cratère Commerson. Continuer et passer les ravines Lacroix et Germeuil. Descendre le Pas des Sables et traverser la plaine des Sables. Laisser ensuite à gauche la piste qui mène au gîte et continuer tout droit jusqu'au parking.

description

A partir du parking, on se dirige vers le belvédère qui surplombe l'Enclos Fouqué. Après l'émerveillement et un rapide coup d'œil, on prend à gauche la piste qui mène en dix minutes au Pas de Bellecombe ①. A cet endroit, au lieu de plonger dans l'Enclos, on continue tout droit. Le sen-

tier du Nez Coupé longe la falaise limitant l'Enclos Fouqué et ne s'en écarte que très peu. Il domine aussi la pente qui descend vers le fond de la rivière de l'Est. Cette position dominante offre une vue quasi-permanente sur toute la région s'étendant du rempart de la rivière de l'Est au nord à celui du Tremblet au sud. Le piton des Neiges, lui, émerge et s'impose au-dessus du rempart de la rivière de l'Est. La balade se décompose en deux parties distinctes. La première, très facile, mène en une demi-heure, du Pas de Bellecombe au piton de Partage ou piton Sale ②. De temps en temps on est obligé d'emprunter une piste 4 x 4 qui s'arrêtera au sommet. On préférera, à chaque fois que c'est possible, le sentier à la piste : ombre agréable des fleurs jaunes et des petits tamarins des hauts. Quelques chakouats, petits oiseaux peu farouches, regardent passer le promeneur, ne changeant de branche que si on les approche de vraiment trop près. La deuxième partie débute au piton de Partage et la pente est plutôt accentuée. On descend à travers les bois de couleurs et l'on

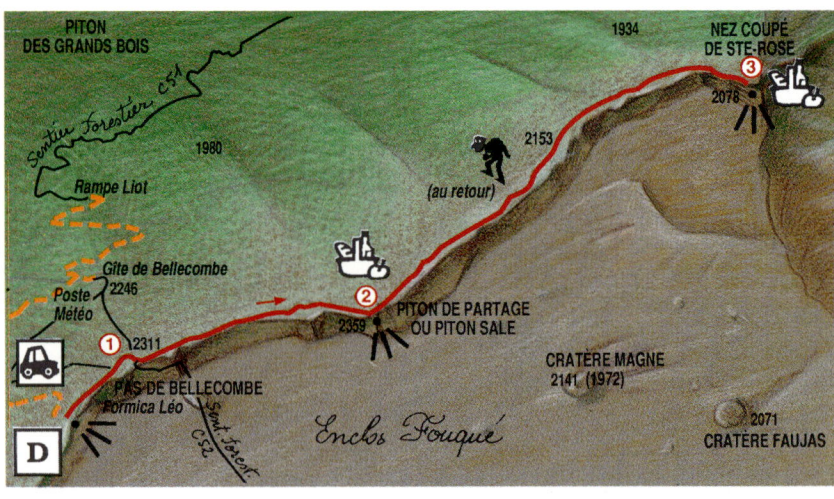

est assez surpris de trouver une forêt humide dans cet univers essentiellement minéral. On peut même y trouver des fraises des bois. En contrebas, à droite, la partie nord de l'Enclos Fouqué jalonnée de nombreux cônes plus ou moins récents comme par exemple le Puy Mi-Côte (âge indéterminé) et le cratère Magne (1972). L'énorme cône de la Fournaise veille sur tous ses petits. Chemin faisant, on aperçoit le Nez Coupé de Sainte-Rose qu'on atteint après une petite montée. Une antenne et un capteur solaire de l'observatoire, placés au sommet, indiquent que le but est atteint ③. On est alors à l'endroit idéal pour découvrir une partie peu connue du Volcan : les grandes pentes, la plaine des Osmondes et le piton de Crac. La vue à 360 degrés permet aussi de découvrir la partie littorale du Volcan : le Grand Brûlé. les coulées récentes tracent dans ce paysage dénudé de longues traînées noires. Comme partout ailleurs dans les hauts de la Réunion, les heures matinales offrent les meilleures chances d'avoir une vue bien dégagée. Après s'être laissé aller à la rêverie ou entraîner dans des considérations scientifiques, on laisse ce paysage magnifique en empruntant le même sentier en sens inverse. La montée vers le piton de Partage sollicite les mollets. Il suffit de marcher à son rythme. Passé le sommet, on se retrouve sur la piste 4 x 4 et il convient alors de faire attention si on ne veut pas rater le sentier et faire un long détour par le gîte du Volcan. Il faut donc bien repérer le balisage blanc et quitter la piste par la gauche. Au pas de Bellecombe on continue tout droit en laissant à gauche le sentier qui descend dans l'Enclos et à droite celui qui mène au gîte. L'arrivée au parking est toute proche.

Une balade agréable en sous-bois : petits tamarins des hauts, fleurs jaunes et fraises des bois. Entre l'Enclos et le cassé de la rivière de l'Est.

A deux pas des volcans, un sentier étonnamment agréable dans une zone pastorale et au bout, une vue plongeante sur les gorges de la rivière de l'Est.

fiche technique

Longueur : 17 km aller
Dénivelé : 520 m
Durée : 2 h aller, 3 h retour
Difficulté : néant
Période : toute
Equipement : randonnée classique
Point d'eau : néant
Balisage : blanc
Carte IGN 1/25 000 : n° 4406 R

itinéraire d'accès

A 98 km de Saint-Denis par Saint-Benoît.
A 136 km de Saint-Denis par Saint-Pierre.
A 50 km de Saint-Pierre.

Emprunter la RN 3 de Saint-Benoît ou de Saint-Pierre jusqu'à la plaine des Cafres, au Vingt-septième (Bourg Murat) ; face aux deux libres-services, emprunter la route touristique du Volcan. Elle débute juste à côté du musée du Volcan. Après le virage à gauche, prendre à droite à l'intersection, puis encore à droite à la deuxième intersection. La route va ensuite tout droit au milieu des ajoncs (appelés ici genêts). A l'intersection suivante, prendre à gauche, un panneau indique la voie à suivre : route du Volcan. Elle est bitumée jusqu'au Nez de Bœuf où, si le temps le permet, vous pourrez avoir une vue sur les gorges de la rivière des Remparts. La piste est maintenant revêtue par section. Après le

piton Textor et ses relais de télévision, laisser à gauche la piste qui mène vers le piton de l'Eau. La route contourne la rivière des Remparts et, après la rampe Zézé, elle passe à gauche du cratère Commerson. Continuer et passer les ravines Lacroix et Germeuil. Descendre le Pas des Sables et traverser la plaine des Sables. A partir du Belvédère, prendre à gauche pour aller au gîte de Bellecombe.

description

Juste en face, à gauche du gîte, le beau panorama du fond de la rivière de l'Est s'étale dans toute sa splendeur. Le marcheur ou le promeneur a l'impression de redécouvrir la vie et la nature après avoir eu sous les yeux ce paysage lunaire de la plaine des Sables. On suit la route semi carrossable, interdite à tout véhicule, tout en descendant légèrement entre des branles et une végétation rabougrie où parfois un "zoizeau la Vierge" fait entendre son chant. Le contraste est net entre le vert de la végétation et l'ocre des

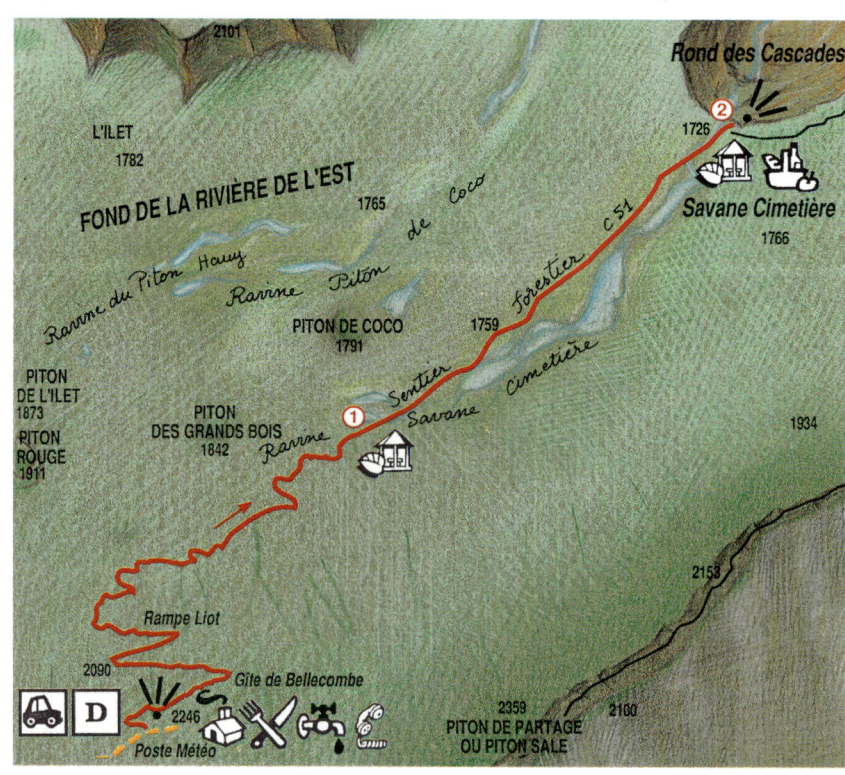

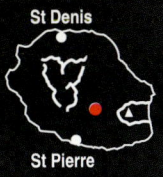

scories. Après une quinzaine de minutes de marche, des *Senecio salicifolius* et des *ambavilles*, arbrisseaux aux feuilles sessiles (sans tige) éclairent le sentier de leurs capitules jaune d'or. On quitte ces "arbres du pays des Lilliputiens" pour prendre le sentier balisé de blanc qui débute à gauche, au bout de cette route inachevée. "Un tout petit paradis, à deux pas de l'enfer !". C'est exactement ce que pense le marcheur quand il a parcouru quelques centaines de mètres, car le sentier descend dans une végétation de bois de couleurs qui devient de plus en plus haute et dense. Une forêt extraordinaire à quelques mètres de la Fournaise. De superbes tamarins des hauts, aux troncs sinueux, se frayent un passage à la recherche de quelques rayons de soleil. Sur leurs plus hautes branches, des tec-tecs et d'autres oiseaux invisibles vous saluent de leur cri mélodieux. Presque toute la flore des hauts de la Réunion (mahots, bois de nèfles) se trouve dans cette région et enchante le marcheur qui sait prendre son temps. De temps à autre, le sentier traverse une petite ravine à gué ou sur un charmant petit pont de bois. Après plus d'une heure de marche, on débouche dans une clairière où l'on retrouve la végétation de branles voisinant avec de grands tamarins des hauts ravagés par les cyclones comme en témoignent leur tronc déraciné ou courbé et leurs branches brisées. On passe à côté d'une cabane de pierre (Camp Marcelin) ① dont le toit recueille l'eau de pluie dans un réservoir, à votre gauche. Le reste de la marche prend un peu moins d'une heure en suivant un sentier rectiligne parmi les branles. Après le Camp Marcelin, on traverse à gué une petite ravine au fond tapissé de lave cordée pour ensuite suivre

Les gorges de la rivière de l'Est.

le balisage blanc sur des blocs de basalte ou des piquets de bois plantés dans le sol gras. Quelques plaques basaltiques émergeant des pelouses altimontaines nous rappellent que nous cheminons sur une île volcanique et près d'un volcan actif. Le sentier est presque plat entre les branles verts. Au bout de la plaine, on suit le sentier sur la rive gauche de la Ravine Savane Cimetière sans chercher à la traverser. A cet endroit, il est un peu boueux mais pas pour longtemps car au bout on trouve un pla-

teau herbeux, un refuge et au-delà d'une barricade, un à-pic de 600 mètres, le cassé de la rivière de l'Est. On a alors à droite le piton de Partage et le Nez Coupé de Sainte-Rose. A gauche, la plaine est dominée par les remparts de la rivière de l'Est. En bas, une cuvette forme le berceau où naît la rivière de l'Est. On songera tout naturellement à pique-niquer au refuge spécialement ombragé, avant de revenir par le même chemin, en n'oubliant pas que cette fois il s'agit de remonter (3 heures !).

Une randonnée sur une coulée récente, hors de l'Enclos, et où la vie a déjà repris ses droits. Une occasion de mieux appréhender le mode de formation de l'île et qui viendrait en complément de la visite de la région du piton de la Fournaise et de celle de la Pointe de la Table.

fiche technique

Longueur : 10,5 km aller-retour
Dénivelé : 1 000 m
Durée : 3 h aller, 2 h retour
Difficulté : marche assez éprouvante dans les deux sens

Période : par beau temps, tôt le matin de préférence
Equipement : chaussures montantes et solides, jambes protégées
Point d'eau :aucun (réserve d'eau de pluie aléatoire à l'abri)
Balisage : traces blanches plus ou moins visibles sur la fin

Carte IGN 1/25 000 : n° 4409 R

itinéraire d'accès

A 127 km de Saint-Denis par Saint-Pierre.
A 35 km de Saint-Denis par Saint-Benoît.
A 6 km de Saint-Philippe.

En venant de Saint-Benoît, traverser Sainte-Rose, puis le Grand Brûlé, dépasser la coulée de Citrons Galets et s'arrêter à la seconde coulée ayant traversé la route, près d'un arrêt de bus dénommé "coulée de lave". Garer son véhicule côté mer.

En venant de Saint-Pierre, traverser Saint-Joseph, Saint-Philippe. Continuer 6 km en direction du Grand Brûlé, jusqu'à la première coulée qui traverse la route, près d'un arrêt de bus dénommé "Coulée de Lave". Garer son véhicule côté mer.

description

Vous êtes dès le départ dans la coulée elle-même ① une de celles de 1986 (voir encadré) qui a traversé la RN 2 mais n'a pas atteint la mer contrairement à celle de Citrons Galets plus au nord, l'une et l'autre n'ayant pas contribué à grandir l'île de près de vingt-cinq hectares comme les coulées de la Pointe de la Table, plus au sud. Un panneau ONF nous apprend que, de là, on peut atteindre le gîte du Volcan après avoir rallié le sentier "Pointe du Tremblet-Volcan" à hauteur de l'abri du Tremblet. Le sentier débute dans la coulée elle-même et n'en sortira à aucun moment. Tout le long, ce ne sera rien de mieux qu'un étroit chenal de gratons un peu plus damés que les autres. En sortir reviendrait à ne plus

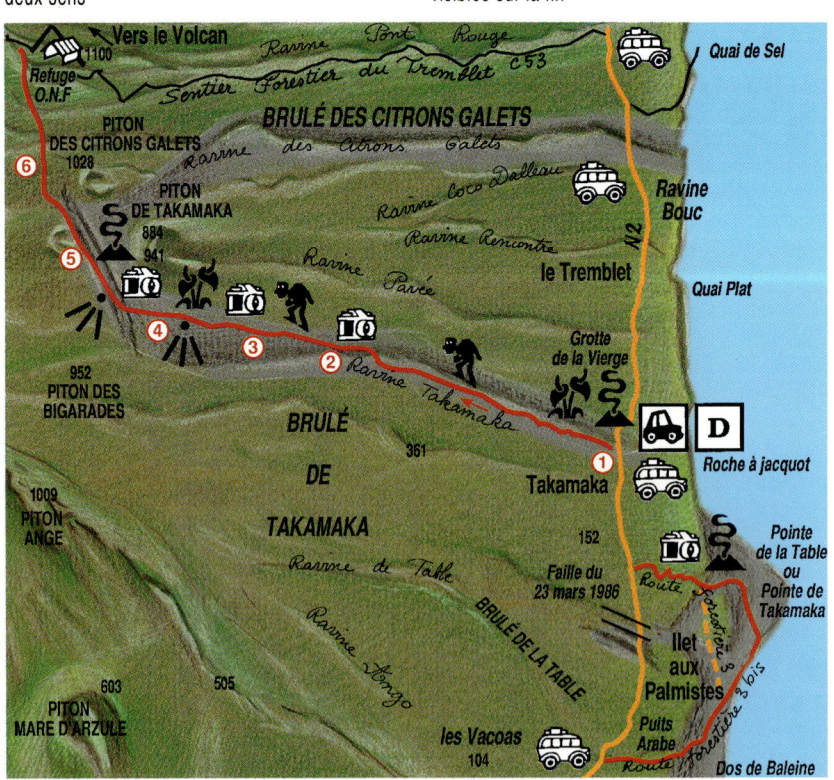

130

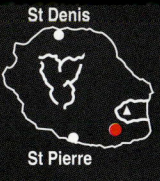

pouvoir avancer qu'avec les pires difficultés, les pieds pouvant facilement s'enfoncer dans les entassements non stabilisés de ces gratons trop récents dont les arêtes peuvent encore se révéler coupantes comme des lames de rasoir. Ainsi, un photographe qui sortirait du sentier pour avoir un meilleur angle de vue, ne ferait que fournir aux gratons un meilleur angle de coupe en direction de ses mollets, à moins d'être bien équipé. Dès le départ, le ton est donné. La montée sera rude, les quelques lacets parvenant difficilement à atténuer la pente générale, celle qu'a prise la lave pour descendre : la plus rapide. La lave est à présent presqu'entièrement recouverte de lichens blanchâtres *(Stéréocaulon)*, et des fougères de pleine lumière colonisatrices *(Nephrolepis abrupta)* apparaissent presque partout dans les anfractuosités entre les gratons, commençant le long processus de dégradation de la lave et préparant ainsi la venue d'une végétation pionnière plus élaborée. Mais, déjà, certaines espèces se sont risquées, comme ces bois de chapelet *(Boemheria macrophylla)* et ces bois d'andrèze *(Trema orientalis)*, individus isolés mais atteignant une bonne longueur d'homme, sans compter le raisin marron, en embuscade sur les bords latéraux de la coulée et qui semble contenir à grand peine derrière ses lianes épineuses, les goyaviers et autres pestes végétales qui ne demandent qu'à franchir le pas. Mais, très vite aussi, apparaîtront les vrais arbres pionniers, sous forme de jeunes pousses de quelques dizaines de centimètres, la plupart frileusement camouflées dans des anfractuosités, mais d'autres audacieusement exposées à tout vent : les bois de rempart *(Agauria salicifolla)*.

La coulée de Takamaka blanchie par une espèce "pionnière" de lichen. Représentation en nocturne de la Fournaise lors de son éruption de 1984.

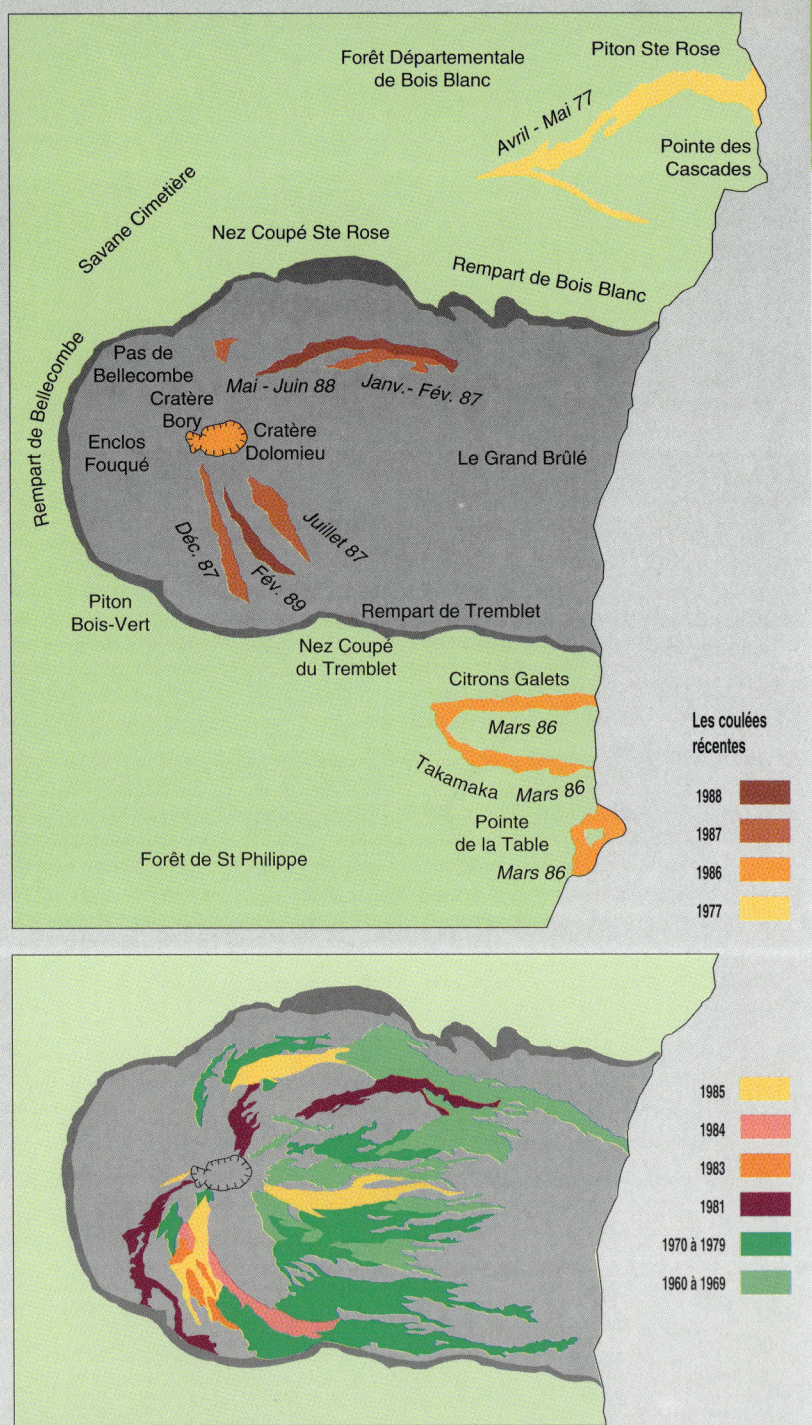

Les coulées
récentes

1988	
1987	
1986	
1977	

1985	
1984	
1983	
1981	
1970 à 1979	
1960 à 1969	

Les coulées de 1986

Au mois de mars 1986, s'est produit une série de manifestations volcaniques qu'on aurait bien du mal à ne pas relier entre elles, d'autant qu'elles se situaient toutes sur une ligne délimitant une zone de faiblesse mise en évidence par les volcanologues. Cette ligne partirait du piton de Sainte-Rose (événements d'avril 1977), passerait par le Dolomieu pour se terminer à la Pointe de la Table en passant par les deux "Nez Coupé" du Tremblet et de Sainte-Rose, délimitant eux-mêmes, le début des grandes pentes de l'Enclos. La zone ainsi définie serait susceptible de glisser vers l'est, le développement normal du piton de la Fournaise étant contrarié à l'ouest par le massif du piton des Neiges. Voici les manifestations de 1986 présentées dans l'ordre chronologique :

17 mars : activité sismique détectée par l'observatoire volcanique.

19 mars : éruption dans l'Enclos, à hauteur du Nez Coupé du Tremblet, quelque part sur la "ligne de fai-blesse".

20 mars : éruption au piton de Takamaka avec deux coulées qui couperont la RN 2, celle des Citrons Galets seule, atteignant la mer. Ces coulées ont motivé l'évacuation de cinq cents personnes.

23 mars : apparition de failles sur la RN 2 au niveau de l'îlet aux Palmistes, puis émission de laves entre la nationale et la mer. Cette lave qui va couler jusqu'au 29, va contribuer à accroître la superficie de la commune de Saint-Philippe de près de vingt-cinq hectares.

30 mars : dernière manifestation dans le Dolomieu sous forme d'un "cratère-puits".

L'éruption de juillet 1991 : jeune adolescente, la montagne réservera aux Réunionnais le spectacle de bien d'autres hémorragies comme celle-ci. Une rage sulfureuse de la belle en décembre 1988.

Noor Akhoum

Daniel Henon-Hilaire

L'UFOLEP (Union Française des Œuvres Laïques d'Education Physique) et l'USEP (Union Sportive de l'Enseignement du Premier Degré) ont l'ambition de mettre tous les sports à la portée de tous comme moyen d'éducation et d'épanouissement des individus. Elles s'efforcent de promouvoir "Une Autre Idée du Sport". Par la pratique diversifiée, par le vécu associatif, par l'accession de tous à l'autonomie, à la responsabilité, elles visent à la formation d'un citoyen authentique pour une société réellement démocratique.

Au sein de la Ligue Française de l'Enseignement et de l'Education Permanente, ces fédérations forment la plus importante organisation multisports de France. Elles sont membres du Comité national olympique et sportif français. Par leurs commissions nationales sportives, par leurs comités régionaux et départementaux (elles regroupent chacune plus de 10 000 associations), elles représentent un réseau sportif dense et efficace.

L'UFOLEP Réunion. 97-4 :
- 120 associations sportives, affiliées à la Ligue Réunion/FOL
- 3 000 pratiquants, licenciés
- des activités sportives variées à la carte :
randonnée pédestre, VTT, orientation, sports collectifs, arts martiaux, activités physiques d'entretien, voyages d'étude (Népal, Kilimandjaro, Madagascar, Comores, Mayotte, Maurice…).
- Manifestations départementales :

mégarandonnée du Volcan, journées Multisports pour tous, critérium de basket-ball, de volley-ball, championnats interquartiers.
- Formation d'animateurs sportifs (formation fédérale et interventions diverses)

Renseignements : Comité Régional UFOLEP
BP 325 - 97458 Saint-Pierre Cedex
Tél : 19 (262) 25 60 92 - Télécopie : 19 (262) 25 74 91
Adresse : 7, rue du Port, Appt 2, 97410 Saint-Pierre - LA REUNION

La coulée serpente au gré des défilés.

La végétation reprend vite ses droits sur le paysage. Ici, une plante "pionnière" s'établit sur un graton.

La coulée sera d'une largeur variable en fonction de la pente : plus la pente est faible et plus la coulée est large. Au fur et à mesure de la montée, elle offrira ainsi une succession de grands espaces lunaires reposants et de goulets étroits passant entre deux murailles de verdure. Et, selon le cas, on peut se mettre à imaginer ces temps, pas si lointains, où la lave a progressé solennellement sur un large front, puis a accéléré aux endroits où le lit de la ravine se rétrécissait, avant de bondir en une furieuse cavalcade de chevaliers infernaux empanachés de feu, à la moindre cascade. Ne manquez pas, au passage, le spectacle de ces enchevêtrements de troncs d'arbre calcinés, noircis et tordus ②, mais toujours dressés, tels des soldats ayant résisté jusqu'au bout à ce déferlement de flammes qui les ont cernés, puis submergés, et qui ont refusé de tomber. La garde meurt, mais ne se couche pas. Plus on monte et mieux on distingue les flancs rougeâtres du cratère. Sur les bords de la coulée, la végétation change aussi avec l'apparition de nouvelles essences où dominent, par la taille sinon par le nombre, les "bois maigre" et les fougères arborescentes. A mi-hauteur ③, un balisage constitué de taches de peinture blanche, probablement parce qu'on atteint une zone de brouillard fréquent et qu'alors le risque de quitter le sentier est plus grand. A l'approche du cratère, la lave donne l'impression d'avoir hésité avant de choisir son lit et elle s'est répandue largement emprisonnant de nombreux îlots de verdure ④ constituant autant de petits laboratoires. Ils permettent une étude "in situ" d'échantillons intacts de la forêt avec ses trois étages de végétation : arborescente, arbustive et sous-arbustive. On y verra même quelques palmistes. On regarde mais on ne touche pas, à cause d'une toujours

présente ceinture de barbelés que constitue le raisin marron*. Fantastique ! (Plus on s'approche de la source d'émission et plus il faut s'astreindre à suivre les balises de moins en moins visibles, sous peine de perdre le sentier et donc de se blesser dans les gratons. La pente se fait aussi plus rudement sentir. Enfin ça y est. On progresse alors difficilement dans des scories, au pied de la faille émettrice dressée au milieu d'un champ de bataille. Comment appeler autrement cette zone uniquement peuplée de squelettes d'arbrisseaux qui n'ont pas résisté à un bombardement manifestement intensif de lapilli ? Et pourtant, là aussi, la nature a déjà repris ses droits : des pousses verdoyantes jaillissent de partout au pied des tiges calcinées, tels des phénix renaissant de leurs cendres. Parmi elles, on reconnaîtra, outre les branles, cet autre type de fougère de pleine lumière, au faux air de sagoutier *(Belchnum tabulare)* et improprement appelé Osmonde, oui, celle-là même de la plaine des Osmondes de l'Enclos ! Il ne reste plus alors qu'à escalader les flancs rou-

geâtres ou noirâtres pour se retrouver au bord des lèvres de la faille émettrice. On est alors surpris de découvrir ses dimensions réelles et le spectacle de son contenu peut donner une idée précise de ce que peut être le chaos. Heureusement, le panorama alentour est beaucoup plus reposant et donnera envie de réaliser la photo du siècle, pour peu que le temps s'y prête. En regardant vers la mer, la coulée qui part sur la gauche est celle des Citrons Galets qui, comme son nom l'indique, a emprunté le lit de la ravine du même nom, et ce, jusqu'à la mer. Sur la côte, à droite de la coulée de Takamaka, s'étend une plate-forme de vingt-cinq hectares, gagnée sur la mer par la lave, au lieu-dit "Pointe de la Table", au cours de la même période (voir encadré). Un peu plus haut, on trouvera l'abri Takamaka ⑥ et sa citerne théoriquement toujours approvisionnée en eau de pluie. Et, l'abri étant solide, rien n'empêche de passer là une nuit, si on ne se laisse pas rebuter par la précarité des installations : un châlit à étage pour cinq ou six personnes et une table.

Dans le Sud sauvage une promenade studieuse et agréable dans une réserve naturelle à la végétation luxuriante permet de découvrir quelques vestiges de la forêt primitive.

fiche technique

Longueur : moins de 3 km pour le circuit complet
Dénivelé : 100 m
Durée : 1 h ou 2 h selon les marcheurs et l'intérêt qu'ils portent à la botanique
Difficulté : néant

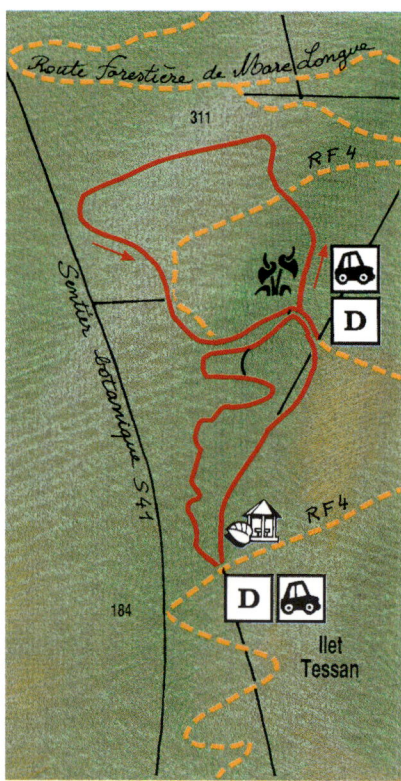

Période : toute saison mais éviter les grosses pluies
Equipement : chaussures de marches, tenue de randonnée légère. Conseillé : pellicule sensible 200 à 400 ASA, livre flore Réunion.
Point d'eau : néant
Balisage : rouge, blanc, jaune (irrégulier)
Carte IGN 1/25 000 : n° 4409 R

itinéraire d'accès

A 97 km de Saint-Denis par Saint-Benoît.
A 5 km de Saint-Philippe

Sur la RN 2, en venant de Saint-Pierre et Saint-Joseph, traverser le village du Baril. Sur la gauche de la route on aperçoit la cheminée d'une ancienne usine : environ 300 m plus loin, la route amorce un virage à droite ; à cet endroit, prendre à gauche la petite route asphaltée, indiquée par un panneau de l'ONF : "Canton de Mare Longue". Réserve naturelle : 1,970 km. Sentier touristique : 2,875 km. (En venant de Saint-Philippe, cette route se trouve à 1,500 km du panneau de fin d'agglomération). La route, étroite, serpente d'abord entre les champs de canne à sucre, puis s'enfonce dans une forêt de nattes, benjoins et camphriers. Après 1,800 km prendre à gauche, presque en épingle la route en scories (RF 4), après un peu plus d'un kilomètre, on arrive au départ de l'itinéraire pédestre (parking, kiosque pour pique-niquer). Un panneau avec plan explicatif propose deux boucles, l'une jaune (durée 1 h), l'autre rouge (durée 1 h).

description

On prend derrière le panneau d'informations, le premier sentier, ouvert sur l'initiative de Thérésien Cadet, éminent botaniste réunionnais. Le cheminement est aisé, sans risque d'erreur, même quand le balisage devient clairsemé. Le sentier monte en pente douce dans sa première partie. On marche sur des plaques ou des blocs de roche volcanique, peu dégradée, mais dans chaque interstice se sont logés, mousses, lichens, fougères, mêlés aux racines qui tentent de se frayer un chemin. On se trouve au coeur de la forêt primaire ; pénombre, fraîcheur, humidité, silence (troublé de temps en temps par quelque merle) invitent à flâner tout en faisant connaissance avec des essences typiques de la Réunion (30% n'existent qu'à la Réunion, 60% sont spécifiques aux îles Mascareignes). La promenade et la découverte sont facilitées par de nombreux

Feuillage "Pintade" ou Croton flamboyant, espèce endémique ou plante ornementale d'importation, tout végétal, trouve ses aises sous le climat tropical de la Réunion.

panneaux indiquant le nom des arbres (ces panneaux constituent également le balisage le plus facile à suivre...). On rencontre, au hasard du sentier, le bois de rempart, arbre pionnier par excellence, facilement reconnaissable à son écorce rouge, à ses petites fleurs en forme de clochettes, à son fût droit et imposant. Le bois maigre, à l'écorce grise et dont le tronc, à la base, est souvent creusé, ramifié. Le change-écorce dont le nom parle de lui-même. Le takamaka à l'écorce jaune tachetée de gris, le grand et le petit natte aux fûts rectilignes fort appréciés des menuisiers et ébénistes. Et puis bien d'autres noms qui attisent l'imagination : joli coeur, tan georges, bois d'osto, bois de lait, bois de fer bâtard, palmiste cochon, prune rat... Le sous-bois est tout aussi riche, les conditions hygrométriques permettent le développement de plantes variées : fougères, orchidées, arbustes, tels le bois de corail aux feuilles lancéolées et aux hampes florales rappelant le corail. En trois quarts d'heure, une heure, ou plus, selon la curiosité de chacun, on regagne le point de départ par une descente de faible déclivité après un peu plus de kilomètre de promenade. On peut à présent gagner le point de départ de la seconde boucle ; à pied ou en voiture, on emprunte la RF 4 (en montant) durant un peu moins d'un kilomètre. Stationnement possible sur le bas côté. Un panneau de bois de l'ONF marque le début du sentier qui emprunte en partie le tracé du GRR 2. Cette boucle présente beaucoup de similitudes avec la première : même longueur, même durée, même absence de difficulté, même profil - légère montée d'abord descente pour finir - et même type de végétation bien sûr, les fameux "bois de couleurs des bas". A la différence de la première boucle, il s'agit

cette fois d'une jeune plantation, (une trentaine d'années), donc pas d'arbres géants mais sans aucun doute plus de facilité à observer certaines espèces (nattes en particulier). Cette partie de forêt est un espoir, celui de voir régénérer "les bois de couleur", tâche qui est le but de l'ONF. On y découvre en outre quelques espèces absentes de la première boucle : bois de rongue, corce rouge, bois d'oiseau, cœur bleu bâtard, bois de chandelles, bois de pintades, entre autres. Le sentier emprunte donc le GRR 2 pendant environ 200 mètres ; il coupe la RF 4. Quelques mètres plus loin on laisse le GRR 2 sur la droite et l'on suit en guise de balisage les

petits panonceaux, indiquant le nom des arbres. On retrouve après une demi-heure ou trois quarts d'heure la RF 4 que l'on redescend sur 300 mètres jusqu'au point de départ du sentier.
Extensions possibles (pour marcheurs confirmés) : continuer la RF 4 au-delà des deux sentiers botaniques. Au bout de 9 km, un sentier GR R2 monte en lacets dans la forêt et rejoint le sentier de Bras Plat, 700 à 750 m d'altitude, lequel mène à un kiosque (superbe point de vue sur la côte et sur la Vallée Heureuse). Un peu plus loin on parvient à une pépinière de l'ONF puis au gîte Basse Vallée (7 km ; 2 h 30). De là, descente possible vers la RN 2 par la RF 4 bis (carrossable).

La flore réunionnaise

L'île aux cent vingt micro-climats clamait un des multiples guides photographiques parus récemment sur la Réunion ! Le compte devrait être assez facile à refaire en tenant compte de tous les éléments qui peuvent entrer en jeu. Au départ, il y a un climat tropical, rythmé par l'alternance d'une saison chaude et humide (décembre à avril) et d'une saison plus fraîche et plus sèche (mai à novembre), climat peu ou prou modifié par l'influence des vents marins dominants et celle du relief accusé de l'île (200 km de tour pour 3 000 m de haut) faisant jouer de grands écarts en ce qui concerne la température et la pluviométrie.

Tout ça devrait en effet aboutir à une multitude de micro-climats et partant, à un nombre tout aussi considérable de types de végétation. En fait, cela veut juste dire qu'on pourrait réussir à y faire pousser à peu près n'importe quoi.

Car, heureusement, les botanistes ont coutume de simplifier en distinguant un minimum de types : la végétation littorale, celle du secteur sec, la forêt de bois de couleurs des bas, celle des bois de couleurs des hauts et la végétation des hautes altitudes, avec bien entendu une interpénétration possible des espèces.

Comme pour la faune, on s'attachera à ne montrer si possible que les éléments les plus caractéristiques de chacun de ces types de végétation.

Les différents étages de la végétation réunionnaise

Végétation côtière et savanes

Forêt de bois de couleur des Bas semi-sèche

Forêt de bois de couleur des Bas

Forêt de bois de couleur des Hauts

Forêt de tamarins des Hauts

A/ Cytise *(Cassia fistula)*. Les fruits de cet arbre prennent la forme d'une saucisse noire pouvant atteindre 50 cm de longueur.
B/ Mimosa au col du Taïbit.
C/ Fleur du **Lisandra** *(Tibouchina viminea)*. Cet arbuste d'origine brésilienne est en voie de naturalisation à la Réunion.
D/ Toujours spectaculaire sous les tropiques, le **flamboyant** *(Dolonix regia)* est couvert de ces fleurs élégantes durant la moitié de l'année.
E/ Azalées
F/ Une composition florale où prédominent les **roses porcelaines** *(Phaeoeria magnifica)* originaires de Malaisie.
G/ Deux **lanternes** *(Kniphofia sp.)*
H/ Le **bois de corail** *(Chasalia corrallioides)* tient son nom de la forme particulière de sa fleur.
I/ Une jolie espèce parmi les nombreux **fuschias** ayant conquis les hauteurs de l'île.
J/ Senteurs de **chèvrefeuille blanc** pour vous enivrer sur les sentiers...
K/ et les **frangipaniers** *(Plumeria rubra)* pour embaumer les cimetières.
L/ Les **flambeaux** *(Cuphea ignea)*. Bien que d'origine mexicaine, ces petites trompettes écarlates envahissent bien des chemins forestiers.

Végétation de la zone littorale

La zone littorale est en général plantée de filaos (*Casuarina equisetifolia*) que ce soit sur les sols sablonneux de l'Ouest ou sur les sols rocheux de la côte Est où ils se mêlent volontiers aux "vacoas" (*pandanus utilis*). A leurs pieds courent deux espèces de "chiendent" auxquelles peuvent venir se mêler les longues tiges rampantes de la liane "Patate à Durand" (*Ipomea pes-caprae*), un liseron à fleurs violacées.

Les zones marécageuses portent une végétation de grandes herbes aquatiques : un "papyrus" (*Cyperus papyrus madagascariensis*), un "jonc" (*Typha angustifolia*) dont les feuilles servent à l'empaillage des chaises dites du Gol et la "Pensée d'eau", (*Eichornia crassipes*).

Végétation du secteur sec
"La forêt semi-sèche de l'Ouest"

Elle couvre toute la région sous le vent entre 0 et 700 m d'altitude. On distingue deux parties :
- les régions basses au-dessous de 100-150 m, qui, à cause de conditions écologiques sévères n'ont probablement jamais eu de couvert forestier continu et sont actuellement recouvertes de savanes à Heteropogon, souvent parcourues par des incendies à la période sèche ;
- les régions hautes, jusqu'à 700 m, ont perdu leurs bois précieux d'origine (ébéniers, benjoins et bois de fer) exploités à outrance pour la construction, l'ébénisterie et l'agriculture (café puis canne à sucre). Parmi les espèces les plus communes restantes, on peut noter le Bois d'olive noir (*Olea chrysophylla*), le Bois rouge (*Elaeodendron orientale*), le Bois de judas (*Cossignia pinnata*), le Grand natte (*Mimusops maxima*). Mais on trouve surtout des espèces exotiques : le Cassi (*Leucaena leucoce-*

pha), le Choca vert (*Furcraea foetida*), le Choca bleu (*Agave sp*), dominés çà et là par le Bois noir des bas (*Albizia lebbeck*) et le Tamarin de l'Inde avec un sous-bois envahi par l'Herbe tortue (*Kalanchoe pinnata*), comme dans la forêt de l'Etang-Salé.

Végétation hygrophile de basse altitude
"La forêt de bois de couleurs des bas"

Elle couvre la zone 0-800 m de la région au vent et la zone 700-1 100 m de la région sous le vent. Elle a été elle aussi en grande partie détruite pour la culture de la canne.

Parmi les essences les plus courantes on peut citer : le Change-écorce (*Aphloia theaeformis*), le Bois maigre (*Nuxia verticillata*), le Bois d'osto (*Antirrhaea verticillata*), le Corce blanc (*Homalium paniculatum*), le Bois de rempart (*Agauria salicifolia*), le Bois de corail (*Psychotria boryama*), diverses espèces de vacoas appartenant au genre Pandanus.

Les Herbacées sont par contre peu nombreuses en dehors de quelques fougères et orchidées terrestres. Ce sont d'ailleurs elles aussi qui constituent la majeure partie des épiphytes. Citons aussi la liane croc de chien, l'osier local. Cette forêt de plus en plus envahie par des "pestes" végétales telles que le raisin marron (*Rubus alcaefolius*) aux abords des sentiers, le goyavier (*Psidium cattleyanum*) qui profite de la moindre friche et fait la joie de tous à la saison des fruits, le jamrose (*Sygysium jambos*) plutôt cantonné au bord des ravines.

Végétation hygrophile de moyenne altitude
"La forêt de bois de couleurs des hauts"

Son aire écologique se situe à la suite de celle de basse altitude : au-dessus de 800 m dans

l'Est, de 1 100 m à 1 600 ailleurs et même 1 900 m dans l'Ouest et le Nord. Elle est caractérisée par une très importante humidité comme en témoignent les manchons de lichens et de mousses dont se drapent frileusement les branches. Elle présente trois aspects différents :
- la forêt de bois de couleurs des hauts proprement dite (Bébour, les hauts de St-Joseph et de St-Philippe, les cirques de Salazie et de Cilaos). Elle est caractérisée par la présence d'essences de la forêt de bois de couleurs des bas, mais avec une strate arborée moins élevée. Il faut y ajouter les diverses espèces de Mahots (*Dombeya*), le Bois de catafaille (*Euodia*), le Bois mapou (*Monimia*) et le Bois de nèfles (*Eugenia buxifolia*)...
Les fougères et orchidées, aussi bien terrestres que épiphytes sont plus abondantes et plus diversifiées. Mais un des traits originaux est la présence de trois espèces de fougères arborescentes ou fanjans (*Cyathea*) mêlant leurs frondaisons à celles, de moins en moins nombreuses des palmistes (*Acanthophoenix crinita*). Les premières tirent leur nom local du pot de fleurs qui est façonné à partir du lacis de leurs racines. Les secondes continuent à être braconnées pour la chair délicate de leurs "cœurs" ou bourgeons terminaux ;
- les fourrés à *Pandanus montanus* (dans les hauts de l'Est) dont le lacis des branches et des racines mêlé à la strate herbacée épaisse constituée presque exclusivement de fougères bleues terrestres, a du mal à laisser échapper des fougères arborescentes et des palmistes ;

Quelques curieuses orchidées endémiques à la Réunion : une *Angroecum eburneum* (A), deux *bulbophyllum* (B et C), et trois espèces somptueuses importées du sud-est asiatique : la commune orchidée "Bois de lait" (*Vanda teres*) (D), l'orchidée araignée (*Arachnis flos-acris*) (E) et l'orchidée antartique" (Phalaenopsis antartic) (F)

La flore réunionnaise

La vanille.

- la forêt de tamarins des hauts (*Acacia heterophylla*), arbre endémique de la Réunion, souvent lié à un bambou, le calumet (*Nastus Borbonicus*), endémique lui aussi. On la trouve dans les hauts de l'Ouest, le massif du Volcan (le Cassé de la Rivière de l'Est), dans Mafate au pied du Gros Morne (Plaine des Tamarins, Kelval) et sur la plupart des massifs anciens (Belouve, le Dimitille, la Roche Ecrite).

Végétation des hautes altitudes
"La végétation éricoïde"

Répartition géographique : au-dessus de 1 600-1 700 m dans la région au vent et au-dessus de 1 900-2 000 m en ce qui concerne la région sous le vent.

Elle est caractérisée par la prédominance du branle vert (*Philippia montana*) accompagné d'arbustes de même taille : le branle blanc (*Stoebe passerinoides*), l'ambaville vert (*Senecio Hubertia*), l'ambaville blanc (*Phylica nitida*) et le bois de fleurs jaunes (*Hypericum lanceolatum*)... Vers les régions sommitales (Grand Bénare, Piton des Neiges), la végétation s'appauvrit avec parfois des petites prairies riches en graminées, parmi lesquelles la plus élégante est sans conteste la *Pennisetum caffrum*.

Les orchidées de la Réunion

Plus d'une centaine d'espèces d'orchidées endémiques ont été dénombrées et décrites sur l'île. Quelles soient grimpantes ou terrestres, ces fleurs aux parfums subtils et aux formes souvent extravagantes, ne sont ici pas rares bien qu'elles échappent souvent aux regards non avertis, et ont élu domicile au sein de tous les types de végétation. Seules les savanes brûlées par le soufre du Massif de la Fournaise en sont dépourvues. Elles affec-

tionnent particulièrement les forêts humides de moyenne altitude où elles poussent généralement en épiphyte, c'est à dire en prenant appui sur les troncs et les branches des arbres sans les parasiter, tels les rondouillards *Bulbophylum* (reconnaissables aux bulbes parfois très charnus dont sont pourvues les feuilles à leur base). D'autres espèces surgissent du sol à l'ombre des fougères où se nichent dans des infractuosités humides des rochers, tel la belle *Phajus pulchellus* pourpre, la commune *Calanthe sylvatica*, les *Angraecum* aux délicates fleurs étoilées blanchâtres et dont les feuilles sont disposées en éventail, tel encore les troublantes *Jumella*, appelées aussi de façon moins scientifique "*Faham*" car la plante, une fois séchée et consommée en infusion, est réputée apaiser les douleurs mensuelles des femmes... une consommation purement locale qui ne détrônera assurément jamais celle, répandue dans le monde entier, de la vanille. La première bouture de cette orchidée, alors liane ornementale, fut introduite à l'île Bourbon le 25 septembre 1822 par l'Ordonnateur Marchant, mais ce n'est qu'en 1841, qu'un dénommé Edmond Albius découvrit le moyen de féconder artificiellement les fleurs de vanille de façon à augmenter la production de ces fruits dont l'arôme exquis était déjà fort apprécié en Europe.

Edmond Albius et la vanille

M. Féréol Beaumont-Bellier, planteur à Belle-Vue, commune de Sainte-Suzanne, employait un jeune esclave né à Saint-Benoît, du nom d'Edmond Albius. Au contact de son maître, Albius s'éprit de botanique. Observateur de la nature autant qu'habile de ses mains, Albius découvrit en 1841 un procédé pratique de pollinisation de la fleur du vanillier. Avec pour tout outil une épine de citronnier, une aiguille de bambou ou un "nic" (pointe) de palmiste, l'opération se déroule en trois temps : ouverture du pétale ou jabot de la fleur ; relevage du rostellum ou languette protégeant le stigmate ; rapprochement par pression des doigts, du sac à pollen ou pollinies du stigmate (principe mâle et organe femelle de la plante). La fécondation s'opère là où l'intervention hypothétique d'un insecte était nécessaire. Dès la mise en pratique de cette découverte, la culture de la vanille se développe sur toute la côte-au-vent de l'île de Sainte-Suzanne à Saint-Joseph, ici en sous-bois, là en culture intercalaire avec la canne ou le maïs. En 1848, 50 kilos de gousses furent exportées ; en 1898, le record de 200 tonnes fut atteint. Albius, lui, y avait gagné son affranchissement, ce qui est la moindre justice.

Un excellent ouvrage ravira les amateurs d'orchidées autant que les amateurs d'art : "joyaux de nos forêts : *LES ORCHIDEES DE LA REUNION*". Janine Cadet réunit ici les admirables illustrations qu'elle réalisa d'après les espèces recueillies par son défunt mari Thérèsien, professeur de botanique à la faculté des Sciences de Ste-Clotilde et éminent spécialiste des orchidées.

GLOSSAIRE

bassin : petite retenue d'eau généralement au pied d'une cascade.

bichiques : alevins de bouche-rondes*, mets très prisé dans les cuisines.

bouche-ronde : petit poisson d'eau douce.

brande (ou branle) : végétation d'altitude, sur des terrains pauvres.

bras : affluent.

caldeira : forme de relief encaissé résultant d'effondrement.

calumet : bambou endémique.

cassé : à-pic caractéristique offrant des formes de relief extraordinaire ; recommandé pour les chasseurs d'images fortes.

choca : nom donné à plusieurs espèces d'agaves (choca vert, choca bleu).

chouchou : liane qui produit un fruit consommé sous forme de légume. Les pousses tendres sont aussi consommées.

cyclone : tempête tropicale (typhons) survenant en été. (de décembre à mars).

fanjan : fougère arborescente.

fleur jaune : arbuste portant des fleurs jaunes (millepertuis).

genêt : ajonc.

goyavier : arbuste commun dans les hauts (peste végétale qui donne des fruits comestibles sucrés et parfumés). Désigne aussi le fruit de cet arbuste.

graton : petits morceaux de lave désagrégés souvent très coupants.

îlet : lieu retiré, enclavé au fond des cirques, délimité par des vallées, colonisé par l'homme et souvent habité.

jamrosat ou jam'rose ou jambrosade : arbre affectionnant les berges des ravines humides.

Une magnifique composition d'orchidées.

Les jamrosats forment en certains endroits des forêts-galeries. Son fruit est peu apprécié.

marron (nom) : esclave fugitif.

marron (adj) : sauvage (raisin marron)

palmiste : palmier.

piton : colline - sommet.

planèze : forme de relief grossièrement triangulaire, pointe tournée vers l'intérieur de l'île, basé côté mer. Cette forme vient de l'érosion de deux torrents aux sources proches et embouchures éloignées.

p'tit bondieu : oratoire.

puy : colline née d'un cône volcanique.

radier : passage d'une route à gué sur un ouvrage en béton.

ravine : ravin.

rein : crête (avec ou sans dénivelé).

rempart : falaise.

tamarin : nom donné à plusieurs arbres de la famille des légumineuses (tamarins des hauts, de l'Inde, pays). On dit également tamarinier. Fruit de cet arbre.

ADRESSES UTILES

Comité du Tourisme de la Réunion - Paris
90, rue de la Boétie, 75008 Paris
Tél. 40 75 02 79 - Fax 40 75 02 73

Maison de la Montagne
(réservation des gîtes de montagne)
10, place Sarda-Garriga (face au Barachois), 97400 Saint-Denis.
Tél. 19 (262) 21 75 84 - Fax 19 (262) 41 84 29
2, rue Mac Auliffe (près de la gendarmerie) 97413 Cilaos.
Tél. 19 (262) 31 71 71 - Minitel 3615 CIMES

Agence Régionale du Tourisme et des Loisirs
38/40, rue de Nice, 97400 Saint-Denis.
Tél. 19 (262) 21 00 41

Comité Départemental du Tourisme
10, place Sarda-Garriga, 97400 Saint-Denis.
Tél. 19 (262) 41 84 41

Office du Tourisme de Saint-Denis
48, rue Ste-Marie, 97400 Saint-Denis.
Tél. 19 (262) 41 83 00 - Fax 19 (262) 21 37 76

Syndicat d'Initiative de l'Ouest
Galerie Amandine, 97434 Saint-Gilles-les-Bains.
Tél. 19 (262) 24 57 47

Syndicat d'Initiative de l'Est
44, rue Bouvet, 97470 Saint Benoît.
Tél. 19 (262) 50 10 65

Syndicat d'Initiative de l'Entre Deux
9, rue Fortuné Hoareau, 97414 L'Entre Deux.
Tél. 19 (262) 39 62 99

Syndicat d'Initiative de Salazie
Mairie annexe, rue Georges Pompidou, 97433 Salazie. Tél. 19 (262) 47 50 14

Syndicat d'Initiative de Saint-Pierre
27, rue Archambaud, 97410 Saint-Pierre.
Tél. 19 (262) 25 02 36

Relais départemental des Gîtes Ruraux
(réservation des gîtes ruraux)
Résidence Ste-Anne, 18, rue Ste-Anne, 97400 Saint-Denis.
Tél. 19 (262) 20 31 90/21 83 36

Météo
Prévisions enregistrées : 19 (262) 99 85 00

De gauche à droite : C. Didgen, G. Elma, L. Permalnaïck, Zalan, G. Deveaux.

L'équipe auteur

Un livre de plus sur la Réunion ? Non, un autre livre, un livre... autre, plutôt. Un livre réunionnais, surtout, ayant réuni cinq joyeux copains, membres du Comité Régional UFOLEP (Union Française des Oeuvres Laïques d'éducation Physique) de la Réunion, inconditionnels de leur pays, de leur île, amoureux fous de la nature, des joies simples du plein air, et heureux de convier l'autre, grâce à cet ouvrage, à venir assister aux spectacles permanents offerts par leurs montagnes, leurs sentiers et leurs ravines. Ce petit coin de terre française, planté dans l'Océan Indien au-delà du Continent africain, recèle en effet de quoi assouvir la faim des plus mordus de la randonnée. Mais l'aventure et la découverte ne sont pas, ici, réservées qu'aux sportifs. Nos cinq curieux ont émaillé leurs plus belles balades, d'évocations historiques et culturelles, et décriptent, pour le plaisir des grands comme des petits, l'environnement naturel des sentiers et les paysages de la Réunion. Un guide qu'ils ont conçu pour le week-end des familles avant tout, un authentique travail de pédagogues... qu'ils sont tous par ailleurs.

Gilbert Deveaux

Responsable de la Commission Pleine Nature de l'UFOLEP, Gilbert ne manque jamais l'occasion de militer pour la cause sportive, et concède en tous lieux sa préférence pour les activités de pleine nature pour lesquelles il voue une place importante dans l'éducation des enfants, notamment à l'école primaire. Conseiller pédagogique de l'Education Nationale la semaine, indécrottable, il demeure pédagogue le week-end, pour le plaisir de ses copains de randonnées, et, ici, pour le vôtre.

Camille Didgen

Professeur de Français né à Paris, d'origine z'oreille donc, Jean Camille a, depuis, épousé le moule réunionnais. La Réunion il la revendique et la chérit, au point que sa belle prose, appliquée ici à l'encre plus que sympathique, vous séduit autant que les paysages de son île. Champion de la plume comme du ballon rond, l'épicurien Jean Camille possède enfin le don admirable de transformer n'importe quelle difficulté (et il y en a) en franche partie de rigolade.

Gilles Elma

Passionné par l'image et la géographie, cet instituteur a saisi l'opportunité de ce guide pour coucher sur papier le fruit de sa longue expérience, réalisant, notamment, tous les relevés cartographiques des balades et signant, surtout, la majeure partie des photos. Sportif confirmé au pied particulièrement agile, il n'a pas son pareil pour dénicher depuis une corniche escarpée ou un pic jusqu'alors inaccessible, les points de vue les plus exceptionnels... ce dont les lecteurs ne se plaindront pas.

Zalan

Ce Zalan là, toute la Réunion qui marche à pied le connaît, de même que les gens du Kilimandjaro (Tanzanie), de l'Anapurna et de Kalapatar (Népal), de Madagascar, de la Métropole aussi, mais, en revanche qui connaît Marcel Hoareau, le vrai nom de ce joueur d'échec devenu la mémoire des sentiers de la Réunion ? Instituteur détaché à la cellule informatique du Département, ce Zalan-ci se consulte comme une encyclopédie : celle des cirques, des pics, des forêts, de la faune... bref de la nature des Mascareignes.

Lucay Permalnaick

Instituteur détaché à la Ligue Réunion/FOL(Fédération des Oeuvres Laïques), Lucay, bien que le plus petit de la bande, est devenu, après avoir assuré la coordination de ce travail, un très grand de la marche à pied, sans pour autant avoir délaissé ses chers stades, salles de sports et autres lieux d'ébats physiques. Quel tempérament et quelle énergie, ce Lucay, mais il fallait bien un spécialiste des sports collectifs comme lui pour mener une équipe d'auteurs de cette trempe.

Bravo les amis !

"Les plus belles balades à la Réunion"
© 1997 Les Créations du Pélican / VILO
ISBN : 2 7191 0362-4
S.A. Vilo Distribution au capital de 1.000.000 F
RCS Paris B 393 330 022
Siège social : VILO, 25, rue Ginoux - 75015 Paris
Tél. : 01 45 77 08 05 - Fax : 01 45 79 97 15
Direction éditoriale : Jean-Michel Renault
9, avenue de la Galine - 34170 Castelnau-le-Lez
Tél. : 04 67 02 66 02 - Fax : 04 67 02 66 01
Dépôt légal 4e trimestre 1997

Rédaction et illustration photographique : UFOLEP Réunion. Gilbert Deveaux, Camille Didgen, Gilles Elma, Zalan, Lucay Permalnaick.
Compléments rédactionnels (Nature) : J.-M. R.
Compléments photographiques : Daniel Brillant (D.R.), Jean Philippe Vidal (J.P. V.), Anny Puget (A. P.), Frédérik Fontaine (F. F.), Anderes, Korrigan Ar Mor (bal. 20), Daniel Henon Hilaire. Noor Akhoun, Robert Heissat (R. H.), Jean-Michel Renault (J.-M. R.).
Documentation historique : Collections Jacky Ryckebusch et J.-M. R.
Photogravure : Horizon (Marseille) - Atelier Six Arts Graphiques